ちくま新書

今すぐ格差を是正せよ!

ベン・フィリップス
Ben Phillips
山中達也・深澤光樹=訳

1675

これまで不平等の闘いに勝利を収めた全ての人たちへ
そしてこれから勝利を収める人々へ
——驚異的だが、平凡な人々へ——送る

How to Fight Inequality (and Why That Fight Needs You)
by
Ben Phillips

This edition is published by arrangement with
Polity Press Ltd., Cambridge,
through Japan UNI Agency, Inc., Tokyo

今すぐ格差を是正せよ！【目次】

謝辞

本書は自身の体験を基に執筆しているため文責は全て私が負うものであるが、私はこの本を自分一人の力で書き上げたとは思っていない。執筆にあたっては素晴らしい草の根活動家たちの貢献が非常に大きい。彼/彼女らが話を共有してくれたこと、そして彼/彼女らがそれぞれのコミュニティで私を受け入れてくれたこと、運動に関わることで彼/彼女らが苦労から得たものを教えてくれたこと。彼/彼女らのこれらの貢献はどれも本書の執筆に欠かせないものである。本書ではその内の何人かの物語を実際に取り上げている。これらの物語が彼/彼女らの英知を世に広げる助けとなっていることを願う。この本では紹介できなかったオーガナイザーや活動家の物語もあるが、それらの勇ましい事例は本の執筆にインスピレーションを与えてくれた。彼/彼女らに対しても心から感謝を伝えたい。

私は会話の中でこういった物語をいくつか共有することから始め、やがてそれを記事にするようになった。私の話を聞いた人が、不平等に対する闘いに関して他の人々の奮闘や、失敗、成功について知ると自分たちが変化を生み出す上で励みになると話してくれたからだ。このように、私は元々本の執筆を見据えてはいなかった。

その後、数人の著作家と泊りがけの研修を共にする機会を得た時、共に居住するメンバーの中に私が好んで読む小説の作家、キラン・デサイがいることに気が付き驚愕した。そして彼女の、この世には書かれるべき本というものが存在するという主張を聞き、私は執筆を意識するようになった。彼女は私が粘り強く頑張れば必ずできると後押ししてくれたものだから、私は書かないわけにはいかなくなった。

その後、ベラジオセンター、それに続いてケロッグ・インスティテュートが私に執筆の拠点(そして技術的にそれを可能とする知識)を与えてくれた。ポリティ・プレスのジョージ・オーウェルスやジュリア・デービスには編集者として不可欠な愛の鞭で導いてもらった。

オックスファムやアクション・エイド、ファイト・インイクオリティ・アライアンス、国連、そしてセンター・オン・インターナショナル・クーパレイションに所属する数々の素晴らしい人々がくれた意見に対して私は大変感謝をしている。

ナイロビのウサワの人々、ノートルダムやサウス・ベンドの人々、エルサルバドルのロメレアノスには一生の恩義を感じている。

そして、私が助言を求めた際には多くの専門家が寛大に応じてくれた。全ての名前を記すことはできないのだが、中でも膨大な時間を費やしてくれた人々は以下の通りである。ヘレン・アルフォード、マシュー・ボルトン、ウィニー・ビヤニマ、ヘクター・カスタニョン、サラ・クリフ、アレックス・コブハム、ニコラス・コロフ、ペドロ・コンセイサオ、アビー・コルドバ、アシビン・ダヤル、マイク・エドワーズ、アリス・エヴァンス、マーシャル・ガンツ、ジョン・ギトンゴ、ジョナサン・グレニー、ダンカン・グリーン、C・J・グリムス、マイケル・ヒギンズ、アリソン・ハーシュ、イルング・ホフトン、ナイラ・カビール、タマラ・ケイ、ティア・リー、ケルシー・マリー＝ピム、リチャード・マーフィー、セービァ・ムワンバ、ジェイ・ナイドゥー、クミ・ナイドゥー、レイ・オフェンハイザー、イザベル・オルティス、アン・ペティフォー、ケイト・ピケット、ラケッシュ・ラジャニ、カビタ・ラムダス、ディエゴ・サンチェス＝アンコチェア、マイク・サベジ、ニコラス・シャクソン、レベッカ・シムソン、ビバリー・スケッグス、アンディ・サムナー、ロビン・ワギス、トゥカ・ビエイラ、ラナ・ジンジル＝セラル。

ギータ・バンディ＝フィリップスは、本と私に対して鋭い洞察力のあるコメントや役に立つ助言をくれた。私たちの子供、アショカやサンガミトラが成長する中で、二人と本のアイデアを一緒に練るのはとても刺激的なことだった。彼ら自身の運動や、彼らが日々周囲に示すやさしさ、人々の力となる正義のための挑戦、彼ら自身や彼らの世代が私に大きな希望をもたらしてくれた。私たちには彼らの世代のその希望に報いる義務がある。彼らを応援するだけでなく、彼らと共に歩むことでそれを果たさなければいけない。

「この世界は少数の者の利益がその他大勢の犠牲の上で成り立つように作られたものではない」

――H.G.ウェルズ

「私は自分が変えられないものは、もう受け入れません。私は、自分が受け入れられないものを変えていくのです」

――アンジェラ・デイビス

「正義の質は、強制する力の平等性にかかっている」

――トゥキュディデス

序章

不平等は私たちの世代の闘いなのだ

まずはクイズから始めよう。次に続ける文章の著者はいつの時代の人だろう？　そしてその人物とは？

少数の者たちの収入が急激に増加しており、幸せな者たちが享受する豊かさと大多数の人々との格差が拡大している。権力者たちは弱い者たちを餌食にする。一般大衆は阻害され隅に追いやられている。仕事もなく、可能性も持てず、困難な状況を脱する手段もない。金融工学、特定利益、経済的欲望は公共の利益を蝕み、こうして権力者たちの特権は守られる。不平等は社会悪の根源なのだ。

これは一九世紀の出来事で、マルクスあるいはおそらくディケンズだと思う人もいるだろう。しかし、この文章が描いているのは現代なのである。著者はローマ教皇だ。教皇はお金のあり方について批判を行ったのだ。

新型コロナウイルス（Covid-19）のパンデミック下において、私たちは直面する問題がさらに悪化していくのをまのあたりにしている。よりはっきりとした形で、富の集中と社会貢献が反比例の関係にあることを目撃しているのだ。また私たちは、適切な保障がない中でエッセンシャルワーカーが社会を支えてくれている一方で、エリートが生活を満喫し、社会で最も脆弱な人々をスケープゴートとしているのを知っている。道徳的に間違っていて持続可能ではないシステムも見てきた。そのシステム内では銀行口座残高が私たちの生活の権利を決定するのだ。昨今の新型コロナウイルスは、私たちの時代が抱える深刻な危機的状況を曝け出した。それが不平等だ。

拡大する不平等（そして私たちがそれをどのように是正するのか）は私たちの生きる時代が抱える苦難と言える。私たちは不平等の危機の中で生きており、不平等は私たちを呑み込む可能性がある。経済的な観点から言えば、私たちは多くの国で極端な富と権力がごく少数の人間の手に集中する傾向を見てきた。これはまるで一世紀前の世界に戻ったかのようである。政治的な観点では、私たちは政府が巨大企業や金融業に対して監視の目を緩め、逆に労働組合や地域の組織、非政府組織（NGO）、市民には監視を強化してきたのを見てきた。現代の新しい黄金律は、黄金を持つ者が規則を作るということだ。社会的観点からは、私たちは拡大する二極化の世界がいかにますます怒りや不寛容、暴力に満ちるようになってきたのかを見てきた。生態的な観点からは、不平等は私たちが気候変動の問題を限界まで悪化させる要因となる。そして気候変動による悲劇的な事態を防ごうとする動きを阻害してしまうのだ。世界は社会的な進歩の遅滞化という危機にあるだけでなく、社会的進歩の退化という危機的状態にある。

過去数十年で拡大してきた不平等が認識されるようになってきた中で、二〇〇八年の金融危機はその傾向に拍車をかけ、多くの人々が不平等の危機は実際に起こっており、損害を与えるもので、対処が必要なものと認識するようになった。しかしその時ですら、不平等に関して声を上げると人々は圧力をかけられ、過激派とレッテルを貼られた。あらゆる組織は、政府や資金提供者に加え、組織内の役員会からさえも不平等に関して積極的な発言を行わないように警告を受けたのだ。

そしてその後、それほど年月も経っていないとも感じられる二〇一五年前後になると、世界中の政府や既得権益を持つ組織は突然一致団結して〔不平等の問題を取り上げることに〕賛成を表明するようになった。例えば、今日の不平等は有害で危険だということは、主流派経済学者やＩＭＦ、世界銀行、経済協力開発機構（ＯＥＣＤ）、世界経済フォーラムですら認識している。そして二〇一五年に国連の「持続可能な開発目標」(SDGs)に署名したどの政府も不平等の削減を宣誓している。

†約束を実行させる

しかし、文言では叶ったことが、行動において成功を意味するわけではない。不平等は悪化し続けており、その是正にあたって政府の行動を信頼できるとは大目に見ても言えない。公的な約束が成されれば自動的に不平等は解決に向かうわけではない。私たちは現在ある矛盾を抱えている。あらゆる世界のリーダーが不平等に対処すると約束したが、未だにその内の僅かしか行動に移していないのである。これからどうなっていくというのだろうか。

学者や政治家と議論をすると、彼らの中には不平等是正に向けた対応策として「もっと証拠を見つけ出す」と提案する偏屈な人間がいることがわかる。私は「証拠を基にしたパラドックス」と名づける事柄を指摘することで、楽しんで彼らをからかう。そのパラドックスとは(1)私たちは対応策を決める際に証拠に準拠する必要がある。(2)革新的な変化が起きているという証拠が、政策決定者の前に証拠が示されているからだというのでは、あまりに説得力がない。（3）もし私たちが本当の意味で証拠に基づいて行動しようとするならば、変化を生み出す戦略として証拠の共有にのみ頼らないはずである。

不平等を是正するにあたって私たちが直面している問題は、何をなすべきかわからないということではない。私たちが不平等の是正を阻止しようとする者たちに打ち勝つために、十分な集団の力を形成できていないことが問題なのである。

証拠では不十分なのだ。政策提案では不十分なのだ。正論を掲げるだけでは不十分なのだ。公式な協定だけでも不十分なのだ。不平等を正すために必要な変化は、知的能力を称賛するようなたくさんの報告書を積み上げれば達成されるものではない。また、数人の官僚に対して巧みにアドボカシーのブリーフィングを行えばもたらされるものでもない。優雅な世界の議論では想像を絶する過酷な世界の問題を動かすことはできない。アプトン・シンクレアは次のように記している。「一人の人間にある事柄を理解させるのが難しいのは、その事柄を理解しないことがその人の給料に直結する場合である」。本当の変化を生み出すために、私たちはいわゆる不平等の「政治経済」を紐解きそれに踏み込んでいく。つまり、表面的で形式的な議論に参加するだけでなく、どのように権力が維持されているのかを理解し、私たちがどのようにそれに立ち向かうことができるのかを模索する。不平等は私たちの世代の闘いなのだ。

闘いに勝利するためにはあなたが必要だ

指導者の中には本当に行動に移す意思はないけれど、不平等に対処すると表明する者がいる。他方で、最も善意ある指導者であっても大衆の圧力を必要とする。政治指導者が私たちのために変化をもたらしてくれると頼ることはできない。私のこの考えを、全ての政策立案者は賄賂に踊らされ薄情であるという意味で捉える人々がいる。しかし、その考え方は私の経験とは異なり、また私が掲げたい論点でもない。重要なのはむしろ、素晴らしい政策立案者がいるだけで不平等を是正できるわけではないということなのだ。政策立案者には富裕層の利権集団から非常に強い圧力がかかっており、これは下からの圧力により相殺する必要がある。リンドン・ジョンソン大統領がマーティン・ルーサー・キングに話したことを思い出してほしい。「私は何をすべきかわかっています。しかし、あなたが私にそれを実行に移させなければいけないのです」。

私は、世界中から選出された政治家による列国議会同盟に招待され、同じ目標を志す者の一人として演説を任せられた。指導者たちに下からの圧力をかけるのは時折気まずい空気を生む。政府の中には、活動家について時にあまりに暴力的で騒がしく、振る舞いが悪いという見方を持っている者がいる。そこで、次のような質問について考えてみよう。なぜ南アフリカが世界最大のレトロウイルス対策プログラムを実施しなければいけなかったのか。インドがどのように世界でも有数の優秀な情報法を持つに至ったのか。私たちは皆、答えを知っている。それは「不都合」であったり「厄介」であったり、騒動を引き起こす社会的運動があったからである。これは歴史的事実だ。

同様に、経済的なエリートに挑戦しなければいけない理由は、彼らの性格が思いやりに欠けるからではなく、彼らエリートの思いやりだけでは不平等を是正することが絶対にできないからだ。不平等を打ち砕くのは非常に難しい。なぜならそれは負の循環を形成しているからである。力の不均衡は、富の集中を伴う。その政治と経済、社会、対話との相互作用が富のさらなる集中を可能にし、権力の均衡をさらに悪化させる。歴史は不平等が是正される可能性を証明している。しかし、不平等の是正は、大きな決断を導く誰かが交代で現れることにかかっていることも歴史によって示されている。私たちが十分な人数で共に服従するのをやめ、団結の力を形成し、新しい物語を作れた時にのみ可能性が開けるのだ。

†唯一の方法

私たちは時折物事は全て私たちの周りを巡るだけのものだと感じるが、私たちはそれを自分たちで形作ることもできるのだ。一人ではなく、皆で一緒にだ。もし社会的変革に関して一般化された教えがあるとすれば、それは次のように言えるだろう。誰も他者を救うことはできない。人々と共に立ち上がることが自分たちを自由にする方法なのだ。そのプロセスはゆっくりで、常に煩雑で、時に失敗することもある。しかし、これが唯一の方法なのだ。南アフリカの活動家で、グリーンピースとアムネスティを率いてきたクミ・ナイドゥーは私に次のように話した。「私たちは政府に視線を向けることにあまりに長い年数を費やしてきました。私たちは焦点を変え、人々の組織化に集中しなければいけません」。構造は上層から変化していかないのだ。ある若い活動家が私にこう言った。「正義(Justice)はなく、ただ私たち(Just us)だけなのです」。組織化されるということが、大きな力をもたらす。

重要なことだが、人々の力とは、偉大で人気のある指導者に頼ることではない。私たちは、エリートが自ら退くと期待するのではなく、変化は運動から生まれるという思考の転換において、気を付けなければいけないことがある。それは、社会変革は自分たちよりも優れたカリスマ性のある個人が実現してくれると期待することだ。私たちはこのような過ちを犯してはならない。世界中の活動家は皆、この重要な教えについて異なった表現を用いながら話してくれた。「人々はよく救世主を求めるのだけれども、私たちを救えるのは私たちなのです」。成功するためには、人々の運動が本当の意味で人々の運動でなければならない。偉大な大衆の指導者とみなされる人々の本当に重要な役割は、あらゆる場で見つけられるものだ。大司教のデスモンド・トゥトゥは愛と敬意を込めて、ネルソン・マンデラについて語った。「彼は海岸にあるたった一つの小石で、数千とある内の一つなのです。取るに足らない小石ではないと言えるでしょうが、その他と全く同じ小石なのです」。実際に、マンデラ自身ＡＮＣ（アフリカ民族会議）の主要なメンバーが投獄されたり追放されたりした時に、一般の労働者や神父、学校の子どもたちすらも闘争に参加していたことを頻繁に振り返り述べていた。

†アパルトヘイトを廃止させたもの

私は若い時にアパルトヘイト廃止直後の南アフリカにある非白人居住区でボランティア活動をしていた。私は幸運にも暮らしを共にする人々からどのように彼らがアパルトヘイトを廃止に追い込んだのかを学ぶことができた。彼らは共に必死に耐え、反対運動やストライキ、組織化を通して、また（教会や労働組合、市民団体など）組織間を超えた連帯による団結力と国際的なつながりを形成することで成功したのだった。彼らは私を連れ出し、マンデラが集会で演説するのを聞かせてくれた。私はマンデラの話を聞き、気が付いたことが二つあった。まず一つ目は、私は英雄の面前にいたということである。しかし、もっと大切なことは、集会を見渡すと私は何千人もの英雄の中にいたということである。そして、変化は一人の偉大な指導者から生まれるのではなく、力を共に築き上げる人々から生まれるということを学んだのだ。

私が特別に参加を許された最も革新的な運動では、人々は輪になって集まり自分たちが一人ではないことを確認した上で、話し合いを始めた。ここから、最も強力な行動が築かれていく。私たちが求める変化は人々に与えられるものではなく、人々によって闘い獲得されるものなのである。この教えは過去に不平等の是正と奮闘した人々が学んだことだ。奴隷から偉大な反奴隷運動家となったフレデリック・ダグラスは一八五七年に聴衆にこう語った。

全ての歴史の進展が示すように、あらゆる権利の獲得は全力の闘争によって生まれてきました。争いは常に興奮を呼び、喚起させ、人々を夢中にさせるもので、一時的にその他の騒動を消してしまいます。こうなるのは当然で、そうでなければ何も生み出されないのです。もし奮闘がないのなら、何の進歩も生まれません。自由を希求しながら動乱に反対する者は、土を耕さずに穀物を欲するのと同じです。雷や稲妻なしに雨を欲するのと同じです。恐ろしく響く潮騒なしに海を欲するのと同じです。要求しなければ権力は何も譲歩などしません。これまでもそうですし、これからも絶対にそうです。

不平等是正の闘いには、あなたが必要なのだ。

本書はあなたが闘いに勝利する手助けとなる

どのように不平等が極端なものになってきたのか、なぜそれが悪影響を及ぼすものなのか、そしてどういった政策が不平等を是正するために役立つのか、これらを綴った本はこれまでにも出版されており、いくつもの素晴らしい作品がある。そのどれも不平等と闘う理由をしっかりと提起していると言える。しかし、本書は不平等を問題（現在存在し、形成された）とする近年の認識を基にして、主流派のコンセンサスが十分な行動における変化を伴わない形で不平等の危機の認識を転換したという矛盾に対処しようとするものである。本書は、不平等に関する書籍で主要となる「何が」に焦点を当てた議論を、「どのように」に焦点を当てた議論で補う。それにより、不平等を跳ね除ける条件を作り出す社会プロセスを発展させるのである。つまり、不平等是正の「政策」項目は、闘いが勝利を収める場合にのみ現実となるのだ。不平等に関するほとんどの本は、他の人々が何をすべきかについてのものだが、本書はあなたが不平等に対して何ができるかについて述べるものだ。そして、本書はあなたがそれを出来る限り効果的に実行する手助けとなるように執筆されている。

　私は冷徹で客観的な第三者として専門的見地から観察者を装うつもりはなく、専門性の極めて高い社会科学的分析を行う気もない。実際、不平等是正の取り組みは一部の人間にしか理解できないような政策研究の分野に陥る傾向が見られる。これが、求められる規模まで組織化が促進されない要因となっている。このような傾向に呑まれぬよう、私は一人の活動家として本書を記し、その他の活動家から学んだことやこれまで体験したことを共有したい。

私が携わってきた仕事は多岐に及ぶ。草の根活動で働き、キャンペーンを指揮し、オックスファムやアクションエイドといった主要国際ＮＧＯの幹部としての役割を担い、ファイト・インイクオリティ・アライアンスなどを含めた連合や運動を共同創設し、各国政府や国連に助言を行ってきた。これらの経験を通じて、私は深刻な不平等の課題やそれに立ち向かう力がみなぎった活動家の姿を、世界中の国々の現場において間近に観察することができた。私が学んできたことのほとんどは、人々が不平等と闘うために団結する姿、またはちょっとした進展があった瞬間や、苦闘の時、あるいは楽しんでいる様子など、直接まのあたりにしたことが基となっている。本書を通して、あなたは過去から現在にわたり、どのようにしたら革新的な変化をもたらすことができるのかを示してくれる、とてつもなく平凡な人々と出会うことになる。

†不平等は自動的に修正などされない

不平等に関する圧倒的な数の証拠が示され、新たな高官レベルのコンセンサスが生まれ、また国際的に同意された国連の「持続可能な開発目標」の枠組みで不平等の是正に取り組むと、世界中の政府によって誓いが立てられている。このような潮流の中、本書は不平等が現在の軌道のままに維持されていくことを未だに支持する人を説得しようという意図はない。私は一冊の本にそれができるとは思わない。この本はより平等な世界を望む人々がそれを達成できるよう手助けをするためにある。この本は、権力の中にある人々を説得することではなく、人々の力を築き上げるのを手伝うことに重きを置いている。

本書は極めて楽観的と言える。本書で私は、私たちにとっていかに不平等が非常に危険な方向に向かっていて、それがいかに自動的に軌道修正が行われるものではないかを明らかにしている。私たちにとって聞きたくないことだが、被害の実態についてお互いに知る機会を得ることはとても重要だ。不平等の拡大は防ぐことはできず、ここまで悪化した中でいまさら逆転などできない、あるいは大惨事が起きない限り状況はひっくり返らないと主張する人もいるが、本書はそういった考えが間違いであることを証明する。私はどのようにしたら私たちが共に不平等のあり方を変えられるのかを示す、人々の持つ「作用」についての物語を共有したい。

本書は行動のための道徳的呼びかけだけでなく、次にあげる三つの大きな問いに対して順番に答えていくために世界の経験を活用する。なぜ私たちは不平等に対する闘いに勝利しなければいけないのか、過去にどうやって私たちは不平等に対する闘いに勝利したのか、そして再びどうやって不平等との闘いで勝利を収めるのか。このように、本書は人々の力のみが不平等を是正することができるという主張を行うとともに、どのように私たちはそれを実現できるのかという案内役を担うものである。

私の目的はある考え方を人々に知ってもらったり、あるいはそれに同意してもらえるように説明したりすることだけではない。私の目的は、可能な限り効果的に、人々が行動を起こす手助けをすることにある。観客は誰もいないのだ！　不平等に対抗する闘いに既に参加していて本書を読み進めてくれている多くの人にとって、この本はより多くの変化を生み出す手助けとなるだろう。そして、まだ不平等是正の闘いに参加していないかもしれないけれど本書を読んでくれているその他の人にとって、この本はこれから闘いに参加する上で大いに役立てられるはずである。

第1章

なぜ不平等との闘いに勝たなくてはならないのか

どのように不平等が拡大しているのか

もう一つクイズをやってみよう。ここはどこだろうか？

次頁の写真は、各階にプール付きのバルコニーがある豪華な高層マンションとそれに隣接するスラム街だ。これを世界中の人々に見せて、どこだと思うか聞いてみると、圧倒的な数の人々が間違える。皆、自分たちの街の名前を答えるのだ。それは彼らのせいではなく、こうした不愉快な分断がいかに一般的なものかの証である。この写真はサンパウロで、偉大なブラジル人写真家のトゥカ・ヴィエラが撮ったパライソポリスのファベーラ（貧民街）と、モルンビの裕福な地区との「境界」だ。しかし人々が、ナイロビ、デリー、バンコク、イスラマバード、ラゴス、もしくはヨハネスブルグと答えるのも頷ける。これらの都市は全てこのように分断されているからだ。

非常に多くの異なる国々の人々が、この写真を自分たちの街だと思い込んでいることをトゥカに伝えると、彼はその理由をはっきりと述べた。「それが普遍的なイメージであり、不平等こそが私たちが享受するグローバリゼーションの実際の形だからです。私たちはと

ても解放的な何かを期待させられましたが、代わりに一段と同質化した金持ちの側と、私たちの残りの側との境界が与えられたのです」。それはお金の分離だけではなく、物理的な分離でもあり、社会的、そして文化的な分離であって、残酷な分断である。

極度の経済的不平等は、この三〇年から四〇年の間に世界中で急拡大してきた。一〇人に七人は、三〇年前よりも貧富の差が広がった国に住んでいる。私がザンビアで土地を奪われた農民たちに出会った頃、同国は貧困国から中所得国へと公式には移行していた。しかし実際には貧しい人々が増加していたのをまのあたりにしたのである。パキスタンでは、人口の半分は土地を持っておらず、地主の内のわずか五％が、三分の二の土地を所有している。都市部では上位二〇％の住人が六〇％以上の所得を占め、下位二〇％の住人は三％の所得しか稼いでいない。米国では最も裕福な一〇％が不況後の成長の全てを手に入れた。事実としてこれらの富裕層は、成長の全て以上を享受し、残りの九〇％の人々は取り残された。クレディ・スイスは、最も裕福な一％が保有する富の割合について、インドネシアでは約五〇％、インドとタイでは約六〇％、ロシアでは約七五％と推定している。

富は一％に満たない者たちが占有している

オキュパイ運動が最初に「一％」という言葉を広めた時、運動の参加者たちは、ごく少数の人々が富をどれだけ保有しているかを誇張しているとして非難された。実際には彼らは、富がどれほど集中しているかを過小評価していた。一％の中のはるかに少ない人数が、富を占有していたのである。最近の研究では、ここ数十年の間に一％から離脱した一部のいわゆる「超富裕層」を継承する人々が、不平等における重要な一面として着目されている。従来使用されてきたジニ係数は、こうした最上部にはあまり光を当ててこなかった。ブランコ・ミラノヴィッチは、百万長者と億万長者の違いを重視する。「あなたが一〇〇万ドルもしくは一〇億ドルを相続して、毎日一〇〇〇ドルを使ったとします。一〇〇万ドルの場合、三年もかからず使い果たしますが、一〇億ドルならおよそ二七〇〇〇年かかるのです」。それは想像を絶する、使い切れないし、稼ぐことが叶わない富だ。

世界で最も裕福な三〇〇人が、世界人口の最も貧しい半分の人々が持つ資産と同じ富を保有していることが発覚した時、人々は衝撃を受けた。しかしその後、世界の半分に相当する富を持つ人々の数は、さらに少数に絞られることが明らかとなった。私がオックスファムにおいて監査を任されたクラック〔社会的亀裂〕研究チームは、それがわずか八五人であることを突き止めた。二〇一九年までにその数は二六人まで減少し、そのほとんどが白人男性であった。これらのグローバルな図式は、地域や国のレベルでも見られる。アフリカでは、最も裕福な一〇家族が、大陸全体で最も貧しい半分の人々が持つ資産と同じ額を保有している。

私は、元ブラックロック取締役で数百万長者のモリス・パールにマンハッタンまで会いに行った。モリスの率直さは清々しかった。彼はそうした富がハードワークに対する正当な報酬をいかに反映しているか、といった一般論をこき下ろした。「私のような人々の富は永続的なものになりました。五年前にビジネスは辞めましたが、当時よりも現在の方が裕福です。学生である私の息子もさらに裕福になりました。今も私たちのお金は自らお金を稼いでいます。その上、私たちは、富がはるかに少ない人々よりも低い税率で納税しています。そして政府は、この不平等のスパイラルが今後も続くことを保証する関連法を制定しています。こうして富裕層に奉仕するような政府が経済全体に利益をもたらすと思いますか？　絶対にありませんね」。彼の最後の一言は意外だった。「この状況は危険です。誰にとっても。放っておくと良い結果にはなりませんよ」。

不平等は私たちをどのように蝕むのか

最も裕福な人々とそれ以外の人々の間の格差が蝕んだものは、多岐にわたる。まさに、どこから始めれば良いかわからないほど、不平等の拡大は悪いことだという数多くの理由が存在する。

その理由の一つは、キングス・カレッジ・ロンドンのエコノミスト、アンディ・サムナーが証明したものだ。「私たちのコンピューターの解析によれば、貧困は不平等が是正された時にのみ終わらせることが可能です」。不平等への対処は、貧困解消に向けた取り組みの鍵となる。なぜなら極端な経済的不平等とその拡大が貧困の削減を阻んでおり、一％

への権力のゆがみが政府の眼を企業に合わさせ、市民から遠ざけているからである。

不平等の拡大を擁護する人々は、貧困を終わらせるのは経済成長であり、何よりも経済成長を可能とするのは、不平等の拡大だと主張する。しかし、これらの主張はいずれも事実に反することが分かっている。不平等の拡大は、貧困削減の進展を遅らせている。そして経済成長は、それ自体が不十分なものだ。実際に多くのケースで経済成長は、働きがいのある人間らしい仕事や庶民の幅広い利益とは無関係のようである。パプアニューギニアは、近年、世界で最も高い経済成長を遂げた。けれども、その恩恵が非常に不平等に分配されたため、世界的に合意された貧困削減に関する国連のミレニアム開発目標（MDGs）のどれ一つとして達成できなかった。南アフリカ共和国のANC（アフリカ民族会議）が、自由憲章にある再分配政策を取りやめた際には、政府の経済的責任なるものが熱烈に支持された。そして現在、富裕層と貧困層の格差は、アパルトヘイト末期よりも悪化している。アンゴラは、年間およそ二五％という驚異的な経済成長率を経験してきたが、いまだに世界で最も高いレベルの乳幼児死亡率を記録している。経済成長と貧困削減の相関関係について「それは本当に単純なもの」と述べるのは、英国の元国際開発大臣だけというわけではないが、それは間違っている。

†金融危機を引き起こした者たちはますます富む

不平等による危機は、グローバル・サウスに住む人々を苦しめるだけではない。戦後のコンセンサスと共にグローバル・ノース全体に導入された不平等からの保護と不平等の緩和も破綻した。地中海沿岸のヨーロッパでは、EUとIMFが生活水準の容赦のない引き下げを要求し、大規模な貧困化と社会的混乱が引き起こされた。そして、歴史書に記された、くる病のような症状を地域住民にもたらしたのだ。IMFは批判者に対して、真の貧困はアフリカにあり、ギリシャの人々に同情することはできないと返答した。しかし、アフリカの市民社会グループは、かつてアフリカの人々に課された構造調整アプローチが、現在は南ヨーロッパの人々に押し付けられ、貧困が深刻化しているとして、大いなる共感と深い洞察に基づいて呼応したのだ。

金融危機が発生する前から不平等は既に拡大していた。そして、金融危機による打撃を受けていないのは、金融業者だけであったこともデータは示している。金融危機を引き起こした者たちは、金融崩壊前よりも裕福になった。ベアースターンズの倒産からわずか五年後には、同社の元幹部らはウォール街の主役へと返り咲いたのだ。

英国ではトップ経営者の報酬は、平均的労働者の賃金に比べて二〇倍もの速さで上昇した。一方で英国の最も貧しい地域に住む人々は、最も裕福な人々よりも七歳も若くして亡くなっている。王立空軍の退役軍人であるハリー・スミス（九一歳）は、英国における「ペイデイローンの高利貸、フードバンク、住宅不足」の増加をまのあたりにし、一九三〇年代に経験した大恐慌を思い出したという。彼は言った。「ショックはありません。ただ既視感を覚えます」。これまで、ある国が特定の経済発展段階を超えると、その国の人々は、貧困から解放されると信じられていた。しかし現実は違った。不平等の是正なき経済成長は、貧困を終わらせることはできないのだ。

†不平等は経済成長を妨げる

不平等は経済成長を妨げる。より平等な国の方が、より長期的に、さらに成長することをデータが示している。これは、より広い消費者層ならびに人的資本とさらなる平等がもたらす社会的安定が、富が集中している場合に比べ、経済成長の強力な基盤を提供するからだ。富の集中を抑えれば資産価格の循環的変動が緩和されるため、経済の崩壊に歯止めをかけることもできる。フィナンシャル・タイムズやエコノミストのような新聞でさえ指摘している。例えば、フィナンシャル・タイムズによる「ロビン・フッド経済――貧しい人々の救済が経済成長を促進する」や、エコノミストの「ある程度までは、不平等と闘うために所得を再分配すると、経済成長を押し上げられる」などの見出しだ。

不平等は機会も損ねてしまう。「トップに上りつめるチャンスが平等にある限り、国がいかに不平等だとしても問題はありません」と人々が言ったならば、それは実在の国の話ではない。おそらくハリウッド映画の見過ぎだろう。エビデンスが示すように、格差が非常に大きい国々において、人々が「底辺からトップ」に這い上がることは、極めて稀である。はしごは最も裕福な人々が離れると、落ちて壊れるのだ。彼らは米国で「アメリカンドリーム」について語る。しかし、正真正銘のアメリカンドリームはどこにあるのだろうか？　それはデンマークにあるのだ。同国の数百万長者の起業家、ジャッファー・シャルチはこう言った。「私は自力で出世したわけではありません。福祉国家のおかげです！」。極端な不平等と高い社会的流動性は、両立できないのだ。

†不平等の拡大は公共悪である

こうした実例が示すように、貧困と経済に関する主流な議論の多くがなされている限定された範囲でさえ、不平等の拡大は、公共悪とみなすことができる。まともな社会の、より人道的で広い視野に立つと、不平等によってもたらされた被害はさらに広範囲に及ぶことがわかる。健全で住みやすい社会の実現は、不平等を抑制するための政府の行動にかかっている。ウィルキンソンとピケットは、「身体の健康、メンタルヘルス、薬物の乱用、教育、収監、肥満、社会的流動性、信頼あるコミュニティ生活、暴力、一〇代の妊娠、そして子供の幸福は、より不平等な国において著しく悪化する」と述べている。ビリオネアのジョージ・ソロスは、今日の資本主義を「市場原理主義」と表現する。そして、私たちの未来の全てのために、より公正で、より管理された経済への回帰を求めている。

不平等は交差しており、あらゆる形態の不平等が互いに影響し合っている。ここ数十年間の富の一極集中は、人種とジェンダーの不平等も拡大させてきた。とりわけ有色人種の女性は、経済的不平等の拡大によって最も大きな打撃を受けている。彼女たちは最も不安定な雇用状態にあり、公共サービスの削減に最も苦しんでいる。そして、彼女たちの仕事の多くは、有給であろうが無給であろうが認識されず、保障もされないのだ。富の格差は、大いに人種化されている。米国では、白人の富の中央値は一〇万ドルだが、黒人は一万ドルに満たない。不平等の拡大によって、この格差は広がっていくと考えられる。構造的差別と一％への権力集中は不可分なのだ。

†不平等は気候変動への取り組みを妨げる

私たちが気候変動の脅威に直面する中、不平等はそれに取り組むことを妨げる。例えば「破綻国家」についても、いわゆる失敗例ではなく、どこが上手くやっているのかを理解した時にはじめて理解できる。同じことが「破綻グローバル政治」にも言えるのだ。科学者を後知恵で批判する政治家は、愚かなわけではない。彼らの献金者たちを見てほしい。そうした政治家の多くが、非常に狡猾なことに気づくだろう。まさに石油産業から報酬を得る「〔地球温暖化人為説に〕懐疑的な」シンクタンクの人々と同じだ。そもそも気候変動は議論ではないため、議論として理解することは不可能である。これは闘争なのだ。石炭産業がスポンサーとなったワルシャワでの交渉〔石炭サミット〕の決裂は、同産業にとっては大成功であった。同様に、米国のパリ協定からの脱退は、手違いではない。それは数十億ドルを保有する企業のために綿密に練られたプランが実行されているのだ。富と権力の集中のロジックに重きが置かれ、科学のロジックは通用しない。化石燃料ロビーは、気候変動に対するあらゆる取り組みに繰り返し「待った」をかけることに成功している。それに比べれば、たばこ業界は素人のようだ。パリでの交渉において、「地球の友」のジャゴダ・ムニッチ代表は、環境保護論者たちが不平等に対処しなければならないと結論付け、その理由を私に説明した。「権力の移行なくして、私たちが望む規模での変化はもたらせません。やるべきことはコミュニティの力を高め、大企業の力を弱めることです」。

不平等は危険だ。セキュリティと安定性に影響を及ぼす。不平等の度合いと守衛として働く人々の割合をグラフで描く時、社会が不平等であればあるほど守衛の人数は増加する。また不平等は、暴力犯罪の発生率、殺人発生率、政治的暴力のリスクとも相関関係にある。コンサルティング会社のピーエーコンサルタンシーは、主要なリスクへの対処法を国や企業にアドバイスし、精力的な活動を行っている。彼らは不平等の拡大がもたらす脅威について、クライアントと共有した衝撃的な報告書のコピーを私に見せてくれた。そこには道徳的な主張などではなく、安全に関するポイントばかりが示されていたのだ。

†富の一極集中は法の支配を妨げる

富の一極集中は、刑罰を免れることを可能とする。それまでの金融危機とは異なり、二〇〇八年の金融危機後、ウォール街の金融業者は誰一人として投獄されなかったのである。

世界中でオリガルヒ〔政治と経済に影響力を持つ新興財閥〕と巨大企業が、法の支配の文化を傷つけている。グレンコアがザンビアにおいて正当な税金を納めるのを回避する方法と、アマゾンとグーグルが、ヨーロッパの国々における適正な税金の支払いから逃れる方法の類似点に着目してほしい。

また不平等は社会不信を拡大する。米国の高級政治誌「フォーリン・アフェアーズ」の社内報によれば、ブレグジット〔イギリスのEU離脱〕との闘いは、深刻な経済的不平等の世界で起こる社会的排除を反映している」という。ブレグジットを一つの国の一時的なものとしてではなく、傾向の一部として見ると、社会を切り裂く壊れた経済モデルが、政治をも破壊し始めたものと捉えることができる。

†不平等に起因する社会的崩壊

社会問題を他者（人種、民族、宗教、セクシュアリティ）のせいにする組織は、権力を獲得するか、権力者たちの支配的言説を変える重要な政治的挑戦者となるかのいずれかによって、劇的に成長した。難民たちは、安全な避難所に入ることをあからさまに拒否されており、少数民族と宗教的マイノリティは、公的に容認された差別に直面しているのだ。そして、女性たちは、女性嫌悪症の猛攻撃に晒されている。疎外された人々を支援する市民社会のリーダーたちは、全ての大陸においてこれらの不正義が急増するのを目撃している。不寛容な勢力と闘うためには、社会を分断する不平等の拡大に立ち向かわなければならない。経済が何百万の人々を切り捨てる時、進歩的な価値観は非常に大きな圧力を受ける。私たちは、一九二九年の経済状況が、一九三三年の政治情勢の決定的要因となったことを歴史から学んでいる。そして希望の喪失が、ファシストに伸張の機会を与えてしまうことも知っている。

不平等に起因する社会的崩壊は、戦争につながる可能性さえあるのだ。「なぜ戦争が始まったのですか?」。私が尋ねると、コロンビアの研究者であり活動家は、こう答えた。「不平等だからです。土地が奪われ、農民には希望がなかったからです。紛争の要因に対処しない限り紛争は繰り返されますよ」。紛争を回避するには、働きがいのある人間らしい仕事を創出し、富がますます少数の人々のもとに集中しないように、経済の方向性を変えていかなければならない。

おそらく不平等の拡大がもたらす最も深刻な影響は、倫理と価値観に基づいて経済的不均衡を立て直す代わりに、経済的不均衡によって倫理と価値観が作り変えられてしまう危険性があることだ。マーティン・ルーサー・キングが警告したように、私たちは「「我－汝」関係を「我－それ」関係に置き換え、人間を事物の地位に引き下げるリスクがある」のだ。不平等は、全ての人が同じ社会の一部で、「互いに平等である」という認識を歪める可能性がある。これは道徳哲学者のジェレミー・ウォルドロンが、著書のタイトルに付けたものだ。彼は以下のように述べる。

極端な経済的不平等は、平等な価値ならびに平等な尊厳という基本原則の遵守を阻害する。そして、経済的不平等という現実が、最も恵まれない人々の日常となるだろう。私たちは、日を追うごとにこれらの人々と真に平等な条件の下で共に生きる姿が想像できなくなっている。そのため私たちは基本的平等の原則をますます信頼できなくなるだろう。経済的不平等とその光景に慣れ過ぎたのだ。だから不当であるにもかかわらず、恵まれない人々を私たちと同じく平等な存在であると認識するのをやめるだろう。そうすることは不正義を認めることになるのだから、そのような認識はむしろ道徳的に恥ずべきことだろう。おそらく背を向けて逃げた方がまだましかもしれない。

†不平等の本質

そして、富のはしごの底辺で立ち往生していた一部の人々は疎外され、ますます取るに足らない存在として扱われるようになった。その一方で、社会は、超人的な資質を最上部の人々に属するものと考えるようになった。ローマ皇帝のティトゥス・フラウィウス・ウエスパシアヌスは、死の間際にこう言った。「悲しいことに余は神になりつつある」。現在、最も裕福な人々は、生きている間にそうなろうとしているようだ。偉大な（そして大いに誤解されている）アダム・スミスは、以下のように述べる。「金持ちと権力者を賞賛し、ほとんど崇拝し、貧しくて卑劣な状態の人々を軽蔑するか、少なくとも無視するというこの傾向は、私たちの道徳的感情の腐敗の最大かつ最も普遍的な原因です」。

不平等の本質は、富と権力の悪循環だ。パキスタンの草の根市民社会活動家が教えてくれた言葉がある。「金持ちは強者になり、強者は金持ちになるのです」。彼らの中には、ボートを買うだけではなく、選挙の票をも買う莫大な金を持っている者がいる。これはまさにルーズベルト大統領が「金権的専制政治」を指して述べたものだ。

現場からの報告　マイニング・インダバと抗議者たち

インダバとはアフリカの複数の言語にある言葉で、コミュニティの全員に影響を与えるような問題を解決するための集会のことである。しかし、マイニング・インダバは、コミュニティのミーティングではない。世界中の金持ちと権力者が、ケープタウンの豪華なコンベンションセンターに集まって、どこで採掘し、誰がお金を受け取るかを決定する世界最大の鉱業業界の会議なのだ。同会議は、それ自体が「アフリカの鉱業利権を資本化し、発展させることに専念する」ものであり、「強力なグループが、その投資収益を維持するために不可欠な関係を構築する」ものである。

各国の代表者らは、リビングルームにおいて、ゴールドマン・サックス、ダンビサ・モヨ、そしてトニー・ブレアによって歓待を受ける。奥の部屋では鉱業会社が、友好的な政府と秘密の取引を行い、問題を起こし始めた政府に対しては圧力をかけている。各国の代表者らは、大きなガラス窓から抗議デモを目にする。しかし彼らは、抗議者たちが訴えなければならないことに耳を傾けはしない。そうした訴えを反鉱業、反進歩として一蹴するのだ。マイニング・インダバの参加者らに文句を言うのは簡単だが、運動家たちは、本当に、全ての鉱業を終わらせたいのだろうか？「オルタナティブ・インダバ」のために数マイル離れたはるかに過酷な状況の下に集まった運動家たちの答えは、ノーだ。私がオルタナティブ・インダバの参加者の何人かに話を聞いたかぎり、彼らの場合、「鉱業に反対」なわけではなく、説明責任を求めていることが分かった。そこで浮き彫りになった問題というのは、鉱業の存在ではなく、鉱業会社自体に法を授ける有害な権力の不均衡なのだ。私がアフリカ中の運動家から聞いたことは、次のとおりである。

私たちの国では、鉱業取引に関する協定が秘匿されているので、国民は、国富が何のために売却されてきたのか知る由もありません。追及後、これらの長期にわたる複雑な取引協定について、特定の部屋で国会議員に一定期間公開する許可がおりました。ただしメモを取ることは許されなかったため、私たちはそれらの写真を入手しようとしています。しかし最終的な許可を得られていません。これまで見てきたところ確かに非常に悪い取引協定のようです。それが、そもそも秘匿されてきた理由ですね。

法律上は、収益の一定割合をコミュニティに還元することが義務付けられています。しかし、鉱業会社が役目を終え撤退したものの、環境が破壊され、コミュニティには何も分け前が残されなかった場所も存在します。

官僚・大臣とその家族の多くは、公式または非公式に鉱業会社の個人株主であったり報酬を得たりしています。したがって、鉱業会社に異議を申し立てることは、政府に異を唱えるのと同じです。

法律に違反した鉱業会社に対する罰金は、非常に安いため、鉱業会社はそれらを事業コストとして喜んで計上します。

ダイヤモンド鉱山における違法な水質汚染を告発した際、逮捕されたのは鉱業会社ではなく、私たちでした。

各国政府はついに鉱業会社に立ち向かい、公正な税負担を受け入れることを求めています。しかし近隣諸国の政府は、全く連帯を示しませんでした。AU（アフリカ連合）は、互いにより緊密に協力する必要があります。我々は、底辺への競争をしている場合ではありません。

あなたが鉱業会社と関わり始めた時、あなたは彼らを変えることを望むでしょう。けれども注意しなければ、彼らがあなたを変えてしまうのです。我々が、鉱業会社を批判した後、彼らはツアーに招待してくれました。そこでは私たちが述べてきたものとは違うことがわかると言うのです。ツアーの最後に彼らは、「お土産として」宝石をプレゼントしようとしました。おもてなしを受けるわけにはいかないことを伝えましたが、彼らのメッセージは明らかでした。

運動家たちは、オープンで透明性の高い取引を保証するため、鉱業会社が説明責任を果たすことを各国政府に求めている。そうすれば市民は、国富に何が起きているのかを知ることができるからだ。例えば、税収の公正な分配、（コミュニティの土地をコミュニティの理解を得て取得するための）事前説明に基づく自由な同意、公正な賃金、労働者の健康と安全の保護および労働者の組織化・団結の権利、環境法の遵守である。また運動家たちは、鉱業会社がこれらの標準的な基準を引き下げるために行うロビー活動の中止も要求している。

繁栄をもたらすべきものが、代わりに悲惨さをもたらしている。鉱業界への正当な要求は、その答えを得ることができず、特権的な一％による容赦のない攻撃に晒されているのだ。企業を監督し市民を保護するべき政府は、むしろ企業を保護し市民を監督している。鉱業界の批判者たちによる提案は、鉱業の終焉ではなく、真の民主主義を主張するものだ。そこで彼らは、「採掘されるものは、あなたのものだ」ということをコミュニティに思い出させている。これこそ鉱業界が、運動家や批判者たちを断固として抑えつけようとする理由なのだ。

†民主主義の崩壊

チャック・コリンズは、これはより多くのものを持っている人たちのことではなく、

「メディアを所有することで文化を形成し、私たちの経済のルールを整える力」を持つ人々のことだと述べる。世論調査では、各国の六〇％から七十数％の幅広い範囲における大多数が、金持ちがあまりにも大きな影響力を持っていると述べている。『ダーク・マネー』や『富裕と権勢』など最近の優れた著書は、その感覚が間違いなく正しいことを示している。不平等は、政治学者が「社会的捕獲」と呼ぶものを促す。エコノミストのジェフ・サックスは、その仕組みを説明する。「企業はルールを作り、ある時は非合法に、またある時は合法とされる方法を通じて、政治家に献金します。すなわち選挙活動への資金提供や大規模なロビー活動によってです。もはや完全に手に負えない状態で、現代民主主義の崩壊につながっています」。

こうした文脈において、不平等はメタ問題であり、私たちが直面する他の政治問題や社会課題とは区別される。なぜなら不平等は、下された一つの決定ではなく、全ての決定がどのように行われ、誰がそれを下すのかという問題だからだ。私たちは「もちろん不平等は重要です。けれども最初に他の問題に取り組みましょう」とは言えない。不平等、すなわち富の極端な集中によって引き起こされる権力の極度の不均衡は、これらの問題に適切に対処することを妨げるからだ。

反アパルトヘイトのリーダーであるジェイ・ナイドゥーは、世界中で広がる、強大な力を持つ少数とそれ以外の人々の間にある隔たりを「アパルトヘイト2・0」と表現している。五つのメジャーなNGOのリーダーたちは、それを行動のための共同声明に入れている。「最も裕福な人々とその他の人々の間で拡大する格差と権力の不均衡は、社会の私たち全員に影響を与えるルールや政策を歪めています。そして、さらなる悪循環と有害で不当な影響を生み出しています」。特権と富は、人類全体と地球を犠牲にして、経済ならびに社会的システムを再形成しているのだ。

私たちはどうやって論争に勝ったのか

ごく最近までの数十年間にわたり、エリート機関と政府は、不平等の問題に対処するべきであるという提案に対し、敵意をむき出しにしてきた。不平等は、国際的に合意されたMDGs「ミレニアム開発目標（二〇〇〇～二〇一五年）」の中でも大きな盲点となっていた。MDGsのターゲットを公式に達成した国々は、その多くが、最も貧しい人々を置き去りにするような方法で達成していたのである。

二〇一五年から二〇三〇年の期間における新しい目標として、「持続可能な開発目標」（SDGs）が議論された時、市民社会は、不平等に関する特定の目標を付け加えることを主張した。しかし、SDGsに何を含めるべきかについて原案を出す政府間グループ、いわゆるハイレベル・パネルは、当初、不平等に関する目標を除外したのだ。市民社会グループがその欠落に異議を申し立てた時、政府高官たちは、各グループにコンタクトし、その行為を生意気だとして怒りを露わにした。そして、彼らを批判したグループにもたらされる結果について警告を発したのだった。私はそれらの攻撃的な電話を受けた中の一人である。

†IMFの変化

規制当局は、反貧困を掲げる組織に対し、あなたたちは不平等の問題に取り組む権限がないと警告した。主流派の経済学者は、不平等に反対することを躊躇していたし、NGO内でさえ、不平等是正の呼びかけに対して支持を得るのは困難だったのだ（私が働いていたあるNGOでも、内部で承認を得るのが難しいレポートがあったのを覚えている。幸いなことに、イングランド銀行のチーフエコノミストにそのレポートのコピーを送ったところ、彼は素晴らしい内容だと返事をくれたので、私はその手紙をいつも上着のポケットに入れて持ち歩いた。そうすることで、レポートを承認できない可能性があると述べたNGOの誰からでもサインをもらうことができたのだ。当時の同僚にとって、イングランド銀行のチーフエコノミストが、経済学を理解していない、もしくは過激過ぎると述べるのは難しかったからだ！）。

不平等を批判することは、あまりにも「政治的」、「反金持ち」、「非現実的」だと考えられていた。不平等の拡大は、成長と進歩のために必要であるとか、それは貧困との闘いとは無関係だとか、あるいはテクノロジーがそれを不可避なものにしたなどと聞かされてきた。そして政府は、不平等の問題に対処するための呼びかけを決して受け入れないとされてきた。

しかし、驚くほど短い時間でタブーは崩れ始め、かつて不平等への対処を拒否した機関も公式に認めていったのだ。ＩＭＦリサーチ部門の研究成果は、こうした知のシフトの典型と言える。

現場からの報告　ＩＭＦリサーチ部門が不平等を非難

IMFが公刊した「低所得国におけるマクロ構造政策と所得の不平等」は、近年のIMFリサーチ部門の知的探求を記録したシリーズの一部だ。この論文は、不平等へ対処するためには、鍵となる進歩的な政策と公的支出の増加が必要であるとの認識を示しており、特筆に値するものだった。つまりIMFがかつて奨励していた予算削減とは真逆なのである。IMF流に公式も作成し、公的支出が一％増加すると、五年後には不平等が二・三％も減少したことを報告した。またIMFは、不平等を拡大しているとしてVAT〔付加価値税〕などの間接税を優先することに強い反対の姿勢を示した。こうして本論文は、市民社会グループが提起してきたものも含め、不平等を是正するために必要な種々の政策に関し、それらのエビデンスを強化するのに役立った。間接税にかわる直接税をはじめ、社会サービスへの投資促進、現金移転プログラムの拡充、不平等を拡大させる可能性のあるものを不平等是正のための措置で相殺することなどだ。

詳細な定量分析がふんだんに使われた同論文は、経済学のエリートとして疑う余地のない者たちがこれまで前進させてきたものの多くが、経済成長および公共のウェルビーイング〔幸福と健康〕の両方に明らかに有害であることを証明した。これらのIMF論文の驚くべき点は、その非常に強力な主張にある。IMFは、あまりにも長い間、自由市場の歴史とワシントン・コンセンサスの擁護者であった。しかし貿易の自由化、可能な限り全ての民営化、公的支出の削減といったコンセンサスは、もはや公然と否定された。私たちは今や、四〇年もの間支配的だった壊れた経済学を歴史のゴミ箱に廃棄しなければならない理由について論証した人々および組織の中に、ＩＭＦを含めることができるのだ。

†ＳＤＧｓと不平等

国連のＳＤＧｓに関する最終交渉は、ターニング・ポイントとなった。ＳＤＧｓのハイレベル・パネルが、最初の草案において不平等に関する目標を除外した際、その立場を逆転させるのは、非常に困難であるように思われた。善意ある内部関係者たちは、最終案は原案よりも野心的なものには決してならないとして、運動家たちに対し、既に提示されたものを維持することに集中するよう戒めた。しかし、市民社会は譲らなかった。そして、主要な経済学者、国連当局者および国家代表者たちは、市民社会グループの呼びかけを支持した。その後、ＳＤＧｓに関する交渉は変化した。二〇一五年九月、世界の全ての指導者は「国内および国家間の不平等を減らす」ことを約束したのである。不平等を減らすことを政治指導者に賛同してもらうという目標は、あまりにも非現実的だとして、かつては内部の関係者を擁護する群衆に却下された。しかし、その目標は、可能な限り最も明確で反論の余地のない方法で勝ち取られたのだ。

世界の指導者たちは、拡大する不平等を減少させる決意を繰り返し強調し始めた。彼らが口にするとは思わなかった言葉の数々は、小川から巨大な川のように増幅した。各国政府が何十年にもわたって拒否してきた不平等を是正するという公約は、公式な政治的言説の基礎となっている。南アフリカ政府は、優先事項として不平等への取り組みに焦点を当てることを約束した。EUは、不平等を減らすことが域内の調和と世界の調和に不可欠だと宣言した。世界銀行での経験が豊富なナイジェリアの元財務大臣で、市場経済のアイコンでもあるンゴジ・オコンジョ・イウェアラは、フィナンシャル・タイムズのインタビューにおいて、ナイジェリアの課題について断言した！「それは九九・九％と、権力に飢えた国富で私腹を肥やし続ける腐敗したエリートたちとの間の分断です」。フランスのマクロン大統領は就任式の中で、社会的分断は過激主義を推し進めること、政府は分断を癒すために不平等と闘わなければならないこと、を宣言した。そしてG7もこれに同調したのだ。

†異端はもはや正統派に

ウォール街でさえこれらのことを認識している。格付け機関のS&Pは、「現在の所得格差の水準は、経済成長を抑制しており、さらに社会的流動性が低下することで、前世代の不平等が次世代に引き継がれる」と予測している。また「リバランスは、教育、ヘルスケア、インフラ部門への支出とともに、現在の水準において、いまだ回復できずにいる経済の安定性を脅かす所得格差を抑えるのに役立つ」可能性を示したのだ。また、ゴールドマン・サックスのロイド・ブランクファインCEOはこう述べた。「不平等は不安定化しており、不平等は私たちの分断の原因であり、この分断は拡大する可能性があるのです」。

経済学は、古い教義を捨て去った。異端だったものが正統派になったのだ。不平等は経済的・社会的進歩を阻み、もはや制御不能になったことが認められるようになった。世界社会科学報告書で指摘されているように、学術出版物において不平等と社会正義に関する研究の数は、一九九二年から二〇一六年の間に五倍に増加した。不平等は、もはや度を越しており、社会的、政治的、経済的に有害であるという議論は、かつてソビエトのロマン主義として退けられた。しかし現在では、ほとんど全ての官庁・機関に受け入れられている。国連大学は、新しいコンセンサスをこのように要約した。「世界の不平等の水準は、あらゆる経済的議論が正当化できる水準をはるかに超えているのです」。

不平等をいまだ公に擁護する少数の哀れな残党は、第二次ボーア戦争で英国に抵抗し続けた「ビターラインダー」の南アフリカの人々、もしくは第二次世界大戦終結後、数十年経ってもフィリピンのジャングルで戦っていた日本兵を彷彿とさせる。私たちは論争に勝ったので、次は行動に移される番だ、そう思っていた。

現場からの報告　税金逃れをする人々を誰も擁護しなくなるだろうか？

税金逃れをする人々に対し世界の指導者たちが発する言葉は、いっそう厳しいものとなっている。第一に、アフリカ連合に集う国家元首たちは、違法な資金の流れに関するハイレベル・パネルのあらゆる勧告を全会一致で認めた。同パネルは、タボ・ムベキが議長を務めており、多国籍企業を重犯罪人として名指ししている。その後、英国では国家犯罪対策庁長官が「英国の銀行を通じて行われた数千億ポンドの犯罪資金のロンダリング」に対する闘いを宣言した。そして米国では、政治家たちが「企業版脱走兵」に対処することを約束した。新聞記事によって世界中で不名誉な激しい批判が巻き起こった。

この新しく主流となった論調により、ほとんどの企業は「税金逃れ」のラベルを貼られないように方向転換を行ってきた。これらの企業は、法律を尊重することや課税の重要性に対する認識を強調したのである。そして企業は、社会における活動許可を得るために、一般大衆の側に付くことを約束する必要があった。

こうした文脈において、アダム・スミス・インスティテュートによる租税回避への積極的なサポートは、租税回避との闘いを進めることがいかに困難かを思い出させてくれる。それは技術的に複雑であるというだけではなく、一部の人々が、租税回避を問題ないものと信じているからだ。かつて経済政策に非常に大きな影響を与えたアダム・スミス・インスティテュートの言説にこのようなものがある。「貧しいアフリカ諸国において、ある程度の法人税を回避する方法を人々に助言することは、公共の精神を示しており、とても良い考えです。もしあなたが、人々に法人税を回避するようアドバイスをしたならば、それはつまり世界で最も貧しい人々の一部の賃金引き上げにつながるのです」。

アダム・スミス・インスティテュートは、こうした考えを隠さなかった。だがアダム・スミスの歴史的解釈も誤っており、失礼ながら私たちの主要な論争相手ではない。

私たちの最も重要な敵は、租税回避が良いと公言するあからさまなイデオローグよりも、はるかに卑劣で賢いのだ。私たちが恐れるべき人々は、光の中でではなく、陰の中で活動している。彼らは、不平等との闘いに勝利するために必要な改革を支持し、租税回避には取り組むが、私たちの提案には反対だと言う。もしくは、私たちが提起した租税回避に対処するための改革を支持すると言いながらワシントン、ブリュッセル、ロンドン、そして世界の最貧国を、進歩を阻害するために雇われたロビイストで溢れさせるのだ。もちろん、大企業が租税を回避するために行うことのほとんどは、合法である。彼らは、そうした行為が確実に合法のままであるように、ロビー活動に多額の金をつぎ込んでいるのだ。

私たちは、税金に関する論争に勝利した。しかし、それは税の正義のための長い闘争の第一段階に過ぎない。私たちの相手は、非常に裕福で恐ろしい影響力を持ち、極めて不道徳で、負け知らずなのだ。ゴリアテは恥辱を味わったが、巨人のままだ。租税回避に対する闘争は、まだ終わっていない。私たちは、終わりの始まりにすら到達していない。しかし、少なくとも、始まりの終わりには到達したのだ。

なぜ論争だけではなく闘いに勝たなくてはならないのか

世界中の政府に不平等の危機を認めさせ、それに対処することに同意させるのは、かつては野心的過ぎる社会的活動目標と見られていた。しかしその目標は、私たちが期待していたよりもはるかに効果的かつ早く達成することができた。私たちは、その全てがただの夢ではないことを確認するために、自分の頬をつねらねばならなかった。貴重な瞬間であった。

しかし、冷静に考えると、これが現実世界にどの程度の影響力があったのかがわかる。全てのことが語られ、そして実行に移されたが、実際に行われたことを見ると事前に語られていたほどではなかったのだ。それは明らかだった。私たちは約束されたことに心を躍らせながら、それが手元にやってくるまで我慢している。エコノミストのアンディ・サムナーは、これを以下のように要約した。「不平等に対する意思決定者による戯言は、大幅に増加しましたが、実際の構造変化に関しては、驚くほどアクションがなかったのです」。

†しかし不平等の是正は進まない

リーダーたちは、我々の言葉で主張し始めた。だが必要なのは、耳ざわりの良い言葉ではなく、より公正な社会である。不平等が制御不能となり、それに対処しなければならないことを国際金融機関が認めている点は、喜ばしいことかもしれない。しかし彼らは、まだ各国において実際の業務運営を変えてはいない。世界銀行は、全ての人が無償教育にアクセスすることを依然として妨げており、共犯関係にある。ＩＭＦは、変わらず緊縮財政と逆進課税を推進しており、ヨルダンからチリにいたる多くの国で経済危機を招いているのだ。

全ての政府が、国連で国内外の不平等を減らすことを約束したのは、歓迎すべきだろう。というのも、ほんの数週間前までは、非常に強大な国の最高位のリーダーたちが、そうした取り組みについては決して約束しないと私たちの多くに語っていたからだ。けれども不平等を大幅に是正した国は、まだ非常に少ない。そして、国家間における不平等の是正は、その進展が依然として妨げられている。それを行っているのは、租税回避および気候変動危機への対処および貿易改革を阻んでいる豊かな国なのだ。各国の中央銀行と財務省は、二〇〇八年の金融危機から不平等についての教訓を得たと述べて<u>いる</u>。しかし、エコノミストのリチャード・マーフィーは、私に忠告した。「彼らの慣行に大きな変化はありません。現況はまるで一九二九年のようです」。

†ダボス会議の実際

不平等についての約束と実践の間の相違は、おそらくダボス会議によって最も明らかに示されているだろう。ダボス会議とは、スイスの山の中に財界ならびに政治エリートらが集まって開催する年次総会、世界経済フォーラム（ＷＥＦ）のことだ。ＷＥＦは、世界の主要課題の一つとして不平等をリストアップし続けており、取り組むことを毎年誓っている。しかし、ブランコ・ミラノヴィッチによれば、不平等の減少に関する実際の取り組みの記録は、「成果ゼロ」だという。フィナンシャル・タイムズの編集者によるダボスからの日々のツイートは、こうした時勢を最もよく捉えている。「ダボスの財界人は「超富裕層に対する高い限界税率」が成長の足枷になると言うが、私は驚かない。それは彼らがそうした税率をナンセンスと考え、公平性と安定性よりも莫大な個人収益を優先し続けることを明確に示しているのだ」。

ダボスの人々は、単に山の頂上および富のグラフの最上部にいるのではない。彼らはまた、それらの集合的な力の頂点にいるのだ。超富裕層は、政府が行うことのパラメータを決定している。ダボスに集う人々の影響によって問題が引き起こされているため、ダボス会議は、決して答えとはならない。

歴史を学ぶ生徒たちにとっては、これは全く驚くべきことではない。強力で裕福な少数者が文字通り集合しているため、権力と富が少数者へ集中していることに対する取り組みは、いついかなる場所においても、大きな進展がみられなかった。福音書の教えにあるように、もし私たちが謙虚な者を褒めそやすなら、高慢な者を謙虚にさせなければならないのだ。

†最善の権力者でさえ平等な社会を与えることはない

問題がトップ一%のメンバー個人個人の道徳的性質ではないことを強調するのは、重要だ。実際に、私たちが組織的に団結できるはずの時に、まず抑圧的システムの中の権力者個人が救いようのないほど悪しきものかどうか、それを慎重に考えようとして、あまりにも多くの時間が失われる。それがあたかも私たちが団結すべきか否かを決定するものかのようにだ。最善の権力者たちでさえ私たちにより平等な社会を与えることはない。そうした社会は、一％以外の人々がそれを共に推し進めることによってのみ勝ち取ることができるだろう。エメ・セゼールは、かつて植民地主義者についてこう語った。「これらの紳士が個人的には善良な人物か悪徳な者か、個人的には善意であるか悪意があるかを知ろうとする必要はないのです。個人的かどうかは、一人の人間の私的な意識の中にあるのですから」。問題なのは権力の不均衡であり、それを修正しなければ不公平を正すことはできないのだ。

不平等を減らすための戦略が、超富裕層の寛大さに頼ることができないように、政治指導者らの勇気をあてにすることもできない。現状維持によって政治的に成功している指導者についてよく考えてほしい。その者は（おそらく彼であるがゆえに）、不平等の拡大が人々の大きな懸念事項となっており、権力と富を一％の者たちから残りの人々に再分配する要求が、突如として再び主流となっていることを理解している。ではこの指導者は何をするべきか？　こうした要求を拒否した場合、彼は正当性を危険に晒すだろうが、一方で要求に応えようとすれば、金権政治家らは、彼を失脚させるために動くだろう。傍若無人な指導者、怯えた指導者、愚鈍な指導者らにとって、前進するための最善の方法は、行動することに同意し、そして何も手出ししないことだ。ガンジーは、権力者らについて以下のように述べた。「はじめに彼らはあなたたちを無視し、次に笑い、そして挑みかかるでしょう。そうして私たちは勝つのです」。おそらくガンジーは、こうも言うべきだった。「その時、彼らはあなたたちが勝ったと言うでしょう。けれど私たちが本当に勝利することができるのは、強く要求し続けた時だけなのです」。

権力を獲得しない限り闘いに勝つことはできない

そこで、本当に不平等に対処したいと望む政治指導者を想像してみよう。彼女は、トップ層から残りへ再分配をする一連の法案を通過させようとする。するとトップ層の一部が順番に、非常に合理的に彼女と周りの全員を丸め込み、脅迫し、弱体化させるために大金をつぎ込む。さらに彼らは、提起された法案は失敗し、国を崩壊させ、貧しい人々を最も傷つけるだろうというメッセージを広めるためにもその財産を使うのだ（それでもそれは一連の法案が彼らに課すものに比べればはした金に過ぎない）。下からの強い運動がなければ、孤独で善良な政治家は、たとえ彼女自身が屈していなくても、その孤高な仕事が立ち行かなくなり潰されるのをまのあたりにするだろう。たとえ最善の政治指導者がいたとしても、一般の人々が自ら組織的に団結し、トップ層が有する権力を獲得しない限り、不平等との闘いに勝つことはできないのだ。

同様に、不平等は、政治課題であるだけでなく権力の問題でもあるため、不平等による被害と政治的解決策に関する包括的な分析を提供する作業が不可欠だ。けれどもそれ自体が変化をもたらすことはないだろう。エリートらは自発的に物事をより公正にする前に、市民社会からより良い情報を得ることを待ってはいない。彼らは、いずれかのグループが独占的な権力を持っている限り、決して正義を「与える」ことはない。したがって、対抗する力を付けることで勝たなければならないのだ。最上層部の人々と残りの人々の間にある不均衡は、「持たざる者（have-nots）」を引き上げるために「ヨットを持てる者（have-yachts）」を引きずり下ろす必要があることを示している。

オードリー・ロードは、不平等と闘う人々の務めについて以下のように説明した。「それは私たち全員が繁栄できる世界を明確に定め、それを追求するために、構造の外側として識別された人々と共通の大義を持つ方法を探ることです。主人の道具が主人の家を壊すことは決してないのですから」。現状を変えるのは現状を介してではない。

目的は単に特権を持つ者らを親切な人間にすることではなく、彼らの特権を奪うことである。私たちが闘う時にのみ、不平等は克服できるのだ。

第2章

これまでどうやって不平等との闘いに勝ってきたのか

なぜ振り返ることが私たちの計画を進めるのに役立つのか

過去を理解することは、より平等な未来を築くために重要だ。#MeToo ムーブメントの創設者であるタラナ・バークに会った時、彼女は私に、変化を起こしたい人々に最初にアドバイスするのは「物語を読むこと!」だと言った。私たちはこれまで不平等との闘いに勝ってきたので、再び勝つことができるのを知っている。そして過去にどのように闘いに勝ったのかを学ぶことは、私たちを未来の勝利へと導くのに役立つのだ。

別のクイズで歴史を覗いてみよう。ダボス会議で米国の億万長者が、超富裕層に対する高い限界税率を支持するかどうか尋ねられた際に発した質問だ。「これまでにそれが機能した国の名前を教えてもらえますか?」。さあ、誰か答えられるだろうか?

その億万長者にとっては恥ずかしいことに、彼の仲間のパネリストが回答した。それは米国だった! 既に指摘されてきたように、米国では一九三〇年代から六〇年代にかけて、超富裕層への限界税率は七〇%から九五%近くの範囲で、「その時期は、経済成長も果たしていた」(そして労働者たちも成長を共有していた)のだ。超富裕層に対するこうした高い税率と、一般市民を利する公共サービスへの比較的高い資金投入は、この時期、民主党と共和党の大統領のいずれの政権下でも維持されてきた。つまり広く受け入れられ、期待された規範だったのだ。

極端な不平等または絶えず拡大する不平等が不可避ではないことは、歴史が示している。誰もが皆、全く同じ富と権力を持っていた瞬間は一度もなかったが、不平等が大幅な下降軌道をたどった期間は、長く続いた。二つの理由からそれらの時代は私たちの勝利とみなすべきだろう。第一に、不平等が著しい下降傾向にある限り、人々が勝者となっており、第二に、そのような時代は、人々には平等な価値があるという理解に社会を導いた期間と言えるからだ。それは、不平等への対処がもたらす共有体験の実現と、権力の不均衡の是正によってなされるものなのだ。ウルグアイの偉大な作家であるエドゥアルド・ガレアーノは、見事に描写する。「ユートピアは地平線上に存在します。私が二歩近づくとそれは二歩離れて行き、私が一〇歩進んだならば、ユートピアはあっという間に一〇歩前へ進みます。どこまで行ってもたどり着くことができません。ではユートピアは何のためにあるのでしょうか？　それは私たちを前進させるためにあるのです」。

†不平等との闘いに勝つパターンとは

では、過去に不平等が打ち破られた際は、どのようになされたのだろうか？　鮮やかに描かれてはいるが、憂鬱な気持ちにさせられる本、『暴力と不平等の人類史』の中において、著者で歴史家のウォルター・シャイデルは、不平等を打破するには大惨事が必要であることを暗示する。彼はとりわけ第二次世界大戦のような出来事だけが不平等を克服できると結論付けるために、より平等主義的な社会の発展において、第二次世界大戦が遺したものの役割に着目する（他の例として挙げられているのがイングランドにおけるペストの大流行である。この疫病により多くの人々が死亡したため、生き残った者たちは労働市場でより強い交渉力を手に入れたというのだ！）。

そのような大惨事が不平等に直面する権力層の歴史において重要な部分であることは事実だが、大惨事はそれ自体がおぞましいだけでなく、進歩の手助けとしてもはなはだ信頼ならないものだ（例えば、新型コロナウイルス感染症の蔓延から抜け出すことで、私たちは荒れた海を越えてより良い時代に導かれるのだと結論付ける理由はない）。それよりも不平等への取り組みの発展は、人々自身の集団闘争によって勝ち取られてきたことを歴史が示している。確かに私たちは一人では自分自身が身を置くそれぞれの構造の中に閉じ込められてしまうかもしれない。しかしこの章で説明するように、私たちは共に行動することで、それらの構造を作り変える能力を持っているのだ。

それは不平等との闘いに勝つことが簡単だと言っているわけではない。過去に経験があるから可能であるというだけだ。ノーム・チョムスキーの言葉にこうある。「希望はないとあなたが仮定した場合、希望は確実になくなるでしょう。もしあなたが物事を変える機会があると仮定したならば、より良い世界を作ることに貢献できる可能性があるのです」。

不平等との闘いに勝つのに役立つパターンを明らかにするために、不平等を減少させた二つの重要なエピソードを見てみよう。それは二〇〇〇年代のラテンアメリカにおける潮流の転換と、世界のいくつかの地域における二〇世紀半ばの長い「黄金時代」である。

不平等の影響を最も受けた地域が、それにうまく対処した先進地域になった事例

不平等の削減の大いなる進歩として最も重要な近年の例は、およそ二〇〇〇年から一〇年間もしくは一〇年半の期間におけるラテンアメリカである。各国の経験はもちろん異な

っていたが、この時期にいくつかの重要な共通のトレンドが、ラテンアメリカの様々な国を結び付けた。そして最も不平等な大陸が、その対処方法における指標となったのだ。

例えば、ブラジルは世界で最も不平等な国の一つであるが、不平等への取り組みが実際に進展した。「世界社会科学報告書」では、以下のように記されている。「最貧困層のブラジル人の所得は、最富裕層に比べて五倍以上速く上昇しました。またブラジル人女性の所得は、男性よりも速く、黒人の所得は白人よりも速く、貧しい北東部の所得は、裕福な南東部よりも速く上昇しました」。最も裕福な人々の所得は、依然として増え続けたが、貧しい人々の所得は、より急速に増えたのだ。ボリビアでは、不平等のさらなる改善がより速くなされた。これらの例が示すように、不平等のスパイラルは、運命付けられたものではない。各政府は、不平等を削減するためのステップを選び取ることができるのだ。

†ラテンアメリカでの不平等削減

不平等の克服は、政府の適切な行動にかかっている。したがって程度の差はあるが、ラテンアメリカでは、二〇〇〇年頃から各国政府が不平等削減に取り組むことを決定し、そのために必要なポリシーミックスの一部を実施したことで、不平等が縮小したのは間違いない。これらの政府は、一部の土地を大地主から土地のない人々に再分配した。そして、法定最低賃金額を引き上げ、労働法の執行を強化し、労働組合の申し立てを可能にすることで、最貧困層の人々の賃金を引き上げた。また子供と高齢者の社会的保護を充実させ、累進課税によって賄われる健康および教育などの公共サービスを拡大した。さらに雇用に関連する経済政策を策定し、差別の解決にも取り組んだのだ。

しかし、不平等への取り組みにおける成功のより深い要因を考える際、私たちは二〇〇〇年からではなく、もっと前にさかのぼる必要がある。これらの政府によってなされた決定から考察を始めることはできない。より興味深いのはなぜなのか、ということだ。すなわち、なぜこれほど不平等な地域において、何十年も前には各政府が不平等を悪化させる政策を追求していたにもかかわらず、二〇〇〇年代の政府は異なった政策を行ったのか。簡潔な答えは、一般の人々が集合的な力を構築したからだ。そして、その力こそが政府にうまく圧力をかけ、行動させることを可能にしたのだ。

†政党を生み出し、政治に圧力をかける

ブラジルの土地なし農村労働者運動からボリビアでの先住民の運動まで、変化をもたら

すための鍵は、下から組織的に団結することだった。政治学者のレアンドロ・ベルガラ・カミュはこう指摘する。「ブラジルのルーラ政権下の労働者党（ＰＴ）政府による最も進歩的な政策は、何十年にもわたる活動に呼応したものでした」。ロンドン・スクール・オブ・エコノミクスの国際不平等研究所も同様に、ラテンアメリカ全体において不平等削減に向けた政策の追求が、「変化のためのローカルな社会運動によって推進された」ことを明らかにした。オックスフォード大学のディエゴ・サンチェス・アンコチェアは、現代の主要な専門家の一人だが、彼の論文の一つに「政治こそが重要なのだ、愚か者！」と題したものがある。彼が私に説明したのは、政治とは、政党による論争だけではなく、政党を生み出し、さらに政党に圧力をかける社会運動をも意味するということだ。それがなければ、エリートからの恒久的な圧力に対抗することができないため、社会運動による圧力はきわめて重要である。

現場からの報告　「団結した私たちは強いんだ！」――ブラジルの土地権利運動からの教訓

「このダンスは一人で踊るものではありません。私たち全員で踊るのです」。女性たちは手をつなぎ一つの輪になって動く。そうして輪になったまま、今度はお互いに腕を回す。「疲れた時は、お互いの肩に寄りかかって休むのです」。

これらの女性たちは、ブラジル北東部にあるマラニョン州の森林地帯のココナッツ採集組織のメンバーだ。彼女たちは、労働の成果を誇らしげに見せてくれた。ココナッツは油、粉末、石鹼などに加工されている。商品を製造する協同組合の工場があるので、彼女たちは仲買人に頼る必要がない。野菜畑、養魚池、鶏小屋のある小さな農場もある。そして彼女たちは、土着の権力者に対して勝利した話をしている。

この地域で最も裕福な男は、全ての土地が自分のものだと公言していました。彼は、地域の政治家でもあったので、金の力と政治の力を持っていたのです。彼の一族は何百年もの間、強い勢力を維持しており、警察とギャングたちは私たちに嫌がらせを続けました。彼らは私たちに立ち去るように迫りましたが、他に行くあてなどありませんでした。六発の銃弾の音を覚えています。

しかし、彼女たちは悲嘆に暮れるのを望んでなんかいない。亡くなった人たちに話題が及ぶと、一人の女性が口を挟んだ。「悲しい出来事なら何日も話し続けることができますよ。今私たちがするべきことは何でしょうか?」。

彼女たちの組織的な団結は本物の進歩をもたらした。森林や広大な栽培地からココナッツを収穫する土地なし農村労働者は、彼女たちの権利を保護する法律制定に向けた運動を成功させたのだ。一部のコミュニティは、労働者が居を構え、耕作する小さな土地の承認を得ている。こうした協同組合は、政府によって主要産品の最低価格が保証されているため、労働者に対しても最低限の所得を保障することができる。いくつかの地区では、小さな子供たちのために無料の公立幼稚園を確保し、水と衛生設備へのアクセスも獲得したのだ。

これらの勝利をどうやって手にしたかは、全て明らかだ。「私たちココナッツ破砕作業者は、一人ひとりは小さな存在です。けれども組織的に団結したことで、はっきりと認識されるようになったのです。そして「私たちを見て、耳を傾けて」と声を上げました」。「私たちが成し遂げたことは、全て友情の力によるものです」。「私たちは自身のコミュニティに集まり、そして地域全体のコミュニティとつながりました。私たちは現場に赴き、労働組合とカトリック教会からの支援を得た上で、さらに幅広い人々からの支持も獲得しました。またアソシエーションを設立し、生計を立てる権利ならびに尊厳を持って生きる権利を求め続けたのです」。

彼女たちは、政治家らの善意に頼ることができないことを明確に理解していた。地元組織の政治家は、自身の娘に後を譲ったのだ。「彼女は女性でしたが、父親と何の違いもありませんでした。あの父親の娘であり、彼は、彼女を通じて生き続けたのです」。

ルーラの政府〔労働者党（ＰＴ）政権〕は、元は社会運動から設立された党からなり、社会運動の指導者数名を権力の中枢に導いた。そして重要な改革を実施したため、彼女ら農村労働者たちが知る中で最高の政府だったと認識されている。失業者が減少する中で最低賃金は上昇し、不平等が是正されたのだ。しかし、彼女たちは主張する。「善良な人々が権力を手にした時に、私たちは考え方を誤りました。彼らに圧力をかけ続ける必要はもうないと。私たちはまるで眠りについたようでした。誰が権力を握ろうとも、私たちは声を上げ続けなければいけないのです」。「その通りです」。ある女性が言った。「前よりはましになりました。でも今は、アクセスする権利を得たココナッツの森に入ろうとすると、大地主らは、私たちを電気柵で殺すのです。以前は犬や銃でした」。「そうなんです」。他の女性が答えた。「私たちは何とか農場に留まることができましたが、水の利用はいまだに阻まれています。ただ生きるだけではなく、それ以上を望みます。尊厳を持って生きたいのです」。

ルーラが進めた改革の継続を約束したジルマ政権（当時）は、大企業や地主からの圧力を受けて、後退し始めたとの懸念がある。「政府は私たちの話を聞くのを止め、金持ちと大企業に耳を傾けています。私たちのような、貧しい人々、先住民、黒人、女性に対してではないのです。苦しい闘いをしなければなりません」。

それでもなお彼女たちは、この闘争に最終的には勝利するという強い思いを共有している。そうした議論は、頻繁に歌の中に現れる。「たとえ暗くとも私は歌おう。必ず来る朝のために」。立ち退きの危機に直面しているコミュニティでは、教会、学校、アソシエーションの本部、そして村の集会所として粘土とわらで造った建物の一部屋で、ミーティングを行っている。彼女たちは、その建物を「希望の聖母」と呼ぶ。

「私たちは強いのです。祖父は友人たちと共に奴隷制から逃れました。そして、私は友である、あなたたちと共に、この小さな土地を確保したのです。けれど私たちはただ待つことはできません。要求するべきなのです」。

土地なし農民運動の特別イベントにおいて、ココナッツ破砕労働者のデジュは、会場に遅れて到着した上に早く退出しなければならないことを謝罪する政府高官の隣に座った。デジェは立ち上がり、聴衆の前でその政府高官に直接話しかけたのだ。ブラジルのポルトガル語は、何とも甘いメロディーなので、内容に関係なく、英語話者の私には聞こえた全ての言葉が穏やかだった。その時までは。デジェは政府高官の顔に指を突き付けた。「私たちが政府に面会を求めてもいつも会えないし、手紙を書いても返事は来ない」。彼女は一枚の紙を取り出した。「あなたたちにこの手紙を読み上げよう」。「私たち土地なし農民は、土地所有者から嫌がらせを受けずにココナッツを収穫する権利を要求する……」。そしてとどめの一撃が入った。「さあ、あなたは、ここに署名するまでこの場を立ち去ることはできないよ。今すぐ署名しなさい」。そして彼はそれに従い、彼女に感謝の言葉まで述べたのだ。「私たちは、全ての進歩が社会運動にかかっていることを知っています。政府はあなたたちと共に取り組まなければなりませんね」。私たちは、勇気と民主主義、そして権力についてのレッスンを目撃した。それはダンスで学んだ教訓と同じだ。土地なし女性労働者たちの一人が着ていたTシャツにはこう書かれていた。「Organizadas Somos Fortes」――団結した私たちは強いんだ。

†ラテンアメリカでの取り組みの二つの問題点

私たちは、ラテンアメリカにおける不平等への取り組みの進展が全てうまく進んだわけではなく、限界があり、二つの重大な欠点によって後退する苦しい状況にあったことに注意するべきだ。一つ目の欠点は、進歩的なラテンアメリカ政府が、最も裕福な人々の非常に莫大な富の蓄積に関して、それらを取り消すほど完全には追及しなかったことだ。これにより多くの場合、いくつかの有名な一族が、国民の総資産額を超える富を抱え続けた。ほとんどのケースで富は損なわれていなかったので、反動的な組織の力に対し十分な対処がなされなかったのだ。実際に反動的な動きがあった時に、多くの進歩的な政策は、あっという間にもとに戻される可能性があった。ここでの重要な教訓は、富は単なる数字ではなく権力の一形態だということだ。また、不平等への対処においては、そうした富の力と権力に大胆に挑む必要があり、不平等の帰結だけではなく構造的な根本の要因を解決しなければならないのだ。

†必要なのは下からの圧力

ラテンアメリカの進歩において、その脆弱性を高めた第二の欠点は、進歩的な政権の任期中に下からの十分な挑戦が欠けていたことだ。これは一つには、善良な人々が、「私たちの指導者たち」が権力を手にしているがゆえに挑戦はもはや必要ない、あるいは役に立たないと決めつけていたからだ。しかしそのような考え方は、今回もそうだったように歴史によって反証され続けている。上層部にいる者たちからの圧力が止むことはないため、下からの強い挑戦が失われると、進歩的な政府は、退行的な政策を続け、金権政治家や富豪と過度に近しくなる。そうして彼らの説明責任を弱め、冷笑的な態度を促し、ついには退行的エリートが権力に復帰するのを容易にしてしまったのだ。

活動家のペドロ・テレスが私に言ったように、ここでの教訓は、下からの圧力は一時的ではなく継続的に、実際には永続的に、誰が権力を握っていても必要だということだ。

二〇〇〇年代に不平等との闘いに取り組む政府ならびに強力な指導者が相次いで登場し、私たち市民社会組織の多くが草の根の組織化を止めました。仲間の何人かは政権入りも果たしたのです。たくさんの人々が、政府と緊密なコンタクトを重ね、そこにエネルギーと時間を集中させせました。政治および政治家が変わり、草の根の組織化を中断してしまった私たちがそれを再開し元に戻すのは困難でした。今、私たちは基本に立ち返らなければなりません。再び組織的に団結する方法を学び、組織の代表者が自分たちの役割について協議するのではなく、むしろ共通の使命を持つ者として、組織を超えた活動家間の関係を構築しているのです。

もちろんこれらの間違いは、私たちを失望させるのではなく再編成することにつながるはずだ。そしてそれは始まっている。ラテンアメリカは、私たちの時代に実際に草の根から構築することによってのみ、不平等を削減できることを示した。そして、私たちがまだ勝利できるということ、そして、その方法についても見せてくれた。反撃は、再び草の根から始まるのだ。

人々による組織的な団結が国際的な「黄金時代」をもたらした事例

国際的には、不平等への取り組みにおける進歩の重要な歴史は、二〇世紀半ばに長期間にわたって展開した。それは北米、ヨーロッパ、そしてアフリカとアジアで新たに独立した国々を含む物語だ。世界の非常に多くの地域で起こった変化は、とても重要であり、この期間の最後の三〇年間（一九四〇年代半ばから一九七〇年代半ばまで）は、「黄金時代」として知られるようになった。人々の組織的な団結がその中核にあった。一九六九年に国際労働機関（ＩＬＯ）に対しノーベル平和賞が授与されたことに象徴されるように、労働者の権利と労働者の集団的な要求を保障することが、社会的調和の基盤として認められた時代であった。

もちろん全てが「黄金」だったわけではなく、多くの残酷な不公正と大きな課題が残されていた。その普遍化は、特定の国々にのみ適用可能であったのであり、「黄金時代」の全ての側面を正確に再現することが、私たちの将来のモデルにはなり得ないのだ。とは言え、それは様々な状況下において、それぞれの規模で可能なことの強力な事例であり、困難な出発点から人々が獲得した進歩は、今日の私たちにインスピレーションをもたらすだろう。ロンドン・スクール・オブ・エコノミクスのレベッカ・シムソンは以下のように述べる。「二〇世紀半ばの間に世界中の国々は、人々の所得が増え、不平等が減少し、生活水準が向上するにつれて劇的な社会変革を経験しました」。

†アメリカでの不平等への取り組み

多くの点で不平等を象徴する国である米国に関して、黄金時代の物語を語り始めることは奇妙に感じるかもしれない。だが、そこがポイントだ。米国でさえ当時の不平等への取り組みは、重大な進歩を遂げ、しかもそれは長く続いたのだ。大いなる獲得は、一九三〇年代に実現し始め、大恐慌を克服し、一九七〇年代まで継続した。そこにはニューディール、偉大な社会、公民権の進歩が含まれていた。

人種的不平等および経済的不平等と闘う運動は、今日、まるで二つの平行した道であったかのように記されることがある。しかし、ジェーン・マケールベイは、著書『近道はない』でこう述べる。「プロセスを二つの異なる積み重ねや別個の伝統に分類するのは、不可能です」。マーティン・ルーサー・キングをはじめ当時の活動家は、以下の点を明確に理解していた。それは、人種的および経済的不公正は、「離れがたき双子」のようであること。公民権の完全な実現のためには、「過剰な富と極度の貧困の間の大きな隔たり」の是正に取り組むこと。そして、彼らが「経済システムの唯一の基盤としての利潤動機の危険」に立ち向かわなければならないことである。

米国において、この期間に制定された進歩的な政策は、下からの圧力の結合によってもたらされた。労働組合、黒人の組織、教会、その他の進歩的な草の根グループが互いに力を合わせて行動したのだ。キング牧師は、「私たちの要求から政府が逃れられないように、私たちの強みを活かし、団結することで抗しがたい力になる」と述べた。これらの運動の相互関係図を見れば、アフリカ系アメリカ人の労働組合の主催者であるフィリップ・ランドルフのような人々が、組織的に団結した人々の力を、フランクリン・ルーズベルトや、ケネディ＝ジョンソン政府に知らしめることによって、うまく圧力をかけたことがわかるだろう。そうでなければ、彼らを改革派の大統領として記憶することもなかったのだ。

✝勇気を示した人々

獲得した進歩は、人々が権威に対して公然と立ち向かう勇気を示すかどうかにかかっていた。そして、その彼らは成功の基盤を築くためには、何十年にもわたる勇敢で断固とした挑戦を必要とした。例えば、何千人もの労働者によるストライキと、街頭での抗議が行われた一九〇九年の「蜂起」は、労働組合の幹部指導者たちではなく、自分たちの窮状について会合で議論することを高らかに宣言したクララ・レムリッチのような、草の根の人々によって始められたのだ。「私は一人の働く少女であり、耐え難い状況に対してストライキをする者の一人です。私は一般的な言葉でしか語らない人々にうんざりしています。私たちがここにいるのは、ストライキをするかしないかを決めるためなのです。そこで、今すぐゼネストを宣言するという決議を申し出たいと思います」。その後レムリッチは、一九三〇年代に、家賃の値下げを実現するためにストライキを取りまとめたり、食料価格の引き下げを勝ち取るためにボイコットしたりする運動を支援した。彼女はその大胆な行動により、衣料品店のブラックリストに載せられ、レムリッチを過激すぎると判断した進歩的な組織は、彼女を様々な役職から外したのだ。そして政府による度重なる嫌がらせと抑圧に直面した。しかし、レムリッチのような決然とした多くの草の根の指導者たちの勇気がなければ、変革への圧力が高まることはなかっただろう。

†「盟友」の裏切り

一九六〇年代、シット・イン〔座り込み運動〕に参加した人々は、殴打され、デモ行進した人々には、犬と消火ホースが待ち構えていた。FBIは、組織内の諜報部門責任者が承認した作戦に従事した。FBIは、危険な脅威とみなした公民権運動の主宰者たちや労働組合、そして、さらなる平等を目指すその他の活動家に対して、「無制約の、荒々しく、厳しい」作戦を実行したのだった。

だがおそらく不平等との闘いにおいて最も気力を奪ったのは、多くの「盟友」たちだった。彼らは公民権運動をはじめ権力に立ち向かった人々を公に非難したのだ。キングたちが一九六三年にアラバマ州バーミンガムにおいて抗議を行い、刑務所に入れられた時、主流派の教会指導者たちは、彼らを非難する声明を発表した。「デモは……その一部は部外者によって主導され……あさはかで、時期尚早です……憎しみを扇動し、私たちの地域の問題解決に貢献していません」。そして人々に迫ったのだ。「コミュニティは、これらのデモへの支持を撤回するように」また「路上に出るのではなく、法と秩序および常識を守るように」。キングは、まさにこの非難に対して、かの有名な返答をしたのだ。進歩への最大の障害は、容赦のない敵ではなく、変革を支持すると主張しながら「正義よりも秩序を重んじる」人々であると。不平等と闘う人々は、他者からのこうした圧力に打ち勝つのみならず、自身が「非体制順応主義者であるという恐れ」を克服しなければならなかった。そして、「世論の考えと原則を測定する単なる温度計になるのではなく、社会の道徳観と慣行を変える「サーモスタット」となることもいとわないのだ。

†バス・ボイコット運動

多くの人々を集めるための断固とした、骨の折れる、慎重な組織化も、重要な鍵だった。モンゴメリー・バス・ボイコット事件は、ローザ・パークスがバスに座り続け、マーティン・ルーサー・キングが演説するだけの話かのように扱われることがある。しかし、それは計画され、訓練されたものだった。ローザ・パークスは、ただ疲れていたのではないのだ！　そしてキング自身も以下のように指摘している。「私は抗議を始めることも、それを提案することもしませんでした。スポークスマンを求める人々の呼びかけに応えただけなのです」。バスのボイコット運動を行う人々の弁護人を務めたフレッド・グレイは、この闘いにどのように勝利したかについて回想した。「子供を育てるには村が必要とされます。交通機関での隔離に対する闘いに勝つためには、モンゴメリーの黒人コミュニティ全体を必要としたのです」。

ローザ・パークスが逮捕される二年前には、アフリカ系アメリカ人活動家グループの女性政治指導者評議会が、バス・ボイコット運動の準備をしていた。そして彼女の逮捕後に設立されたモンゴメリー改善協会は、三八一日間ボイコットを続けなければならなかった。そこで彼女たちは、コミュニティから資源を調達する必要があった。活動家たちは、メッセージを発信するために何千枚ものビラを印刷し、何百人ものボランティアに組織化の手伝いをしてもらった。市内の黒人教会は、組織的団結の中枢として機能した。バスをそもそも利用していなかった人々は、彼らの車にボイコット参加者を乗せて移動の手助けをした。郵便局員たちは、相乗り運転をする際に進むべき道順を決めるのを手伝った。タクシー会社は、料金の値下げに同意した。ボイコットの主宰者たちは、膨大な数の会議を開かなければならなかった。法的な異議申し立てと暴力的な攻撃をかわす必要があったのだ。しかし、信仰団体や女性団体、そして労働組合などによる連携組織が、重圧の中にあっても団結することで勝利したのである。公民権運動の指導者であるダイアン・ナッシュは、こう述べた。「私たちが成し遂げた変革には、何千もの人々の力が必要でした。名前も知らない人々です。彼らが払った犠牲に対する功績は、決して認められはしないでしょう。けれども私は彼らを覚えています」。

†成功を導く本物の力

これらの人々が本物の力を構築したことで運動は成功した。ジェーン・マケールベイが指摘するように、米国における労働者の権利、社会的保護、公民権に関する進歩は、全て、「既存の秩序に対する大規模な破壊を持続する能力を身に付けた、一般の人々が率いる強力な運動」によってもたらされたのだ。とりわけこの時期に労働組合へ加入する人々が増加したが、それが不平等に与えた影響は明らかだった。経済史家のコリン・ゴードンは、それを見事にグラフで描き、私たちに示してきた。そして、その影響は、個々の企業や部門レベルだけではなく、決定的なことに、社会レベルでも見られたのである。労働組合化は、組合員となった労働者や、それらの産業のみに違いを生んだのではなかった。労働組合化は、国をも変えたのだ。労働組合化の拡大が進歩の中核にあったが、後に「黄金時代」が終焉を迎え、不平等の爆発をもたらす主要因もまた、組合の弱体化だった。米国の農場労働者を組織したセザール・チャベスは、これを非常に簡潔かつ美しく言い表した。「私たちは、完璧な政治システムを必要とはしません。完全なる参加が必要なのです」。

公民権運動のブレッド・バスケット作戦（一九六二年）では、企業に対して黒人労働者とコミュニティへの利益の割合を増やすことを要求した。この作戦におけるボイコットがうまく機能することが示された直後、マーティン・ルーサー・キングはこう述べている。これらの企業は、「次の日にはいい話をしていて、とても謙虚で、そうして（後に）私たちは協定に署名しました」。キングは、いわゆる「穏健派」の人々から異議申し立てをされ、なぜ組織的団結をする必要があるのか聞かれた時に、次のように答えている。「断固とした圧力なしには、一つの成果も得られなかったのです……残念ながら歴史的な事実として、特権者のグループが自発的に彼らの特権を放棄することは、めったにないのです……自由は、決して抑圧者によって自発的に与えられることはなく、抑圧された人々によって要求されなければならないのです」。

†成功の鍵は物語の伝え方

成功の鍵はまた、効果的な物語の伝え方だった。米国の公民権指導者であるジョン・ルイスが指摘したように、社会問題は、より大規模な道徳的問題だった。不平等と闘う人々は、彼らが直面する重要な課題は、不平等が常態化されていることだと理解していた。「時計のカチカチ鳴る音、打ち寄せる波の音、電車が通り過ぎる音を聞くのは誰ですか？」。

キングは問いかけた。「時計、海、線路のそばに住んでいる人々ではないのです」。だからこそ運動は、不平等の可視化を確実なものにするために、すなわち「恥ずべき状態を劇的に表現する」ことに多大な努力を尽くしたのだ。そして相互関係の代替ビジョンについても、反響を引き起こすような方法で明確に表現したのである。

労働組合運動では、労働者が裕福な人々を成功者とみなし、個人として社会的地位の向上を求めるように繰り返し教え込まれてきたことは、理解されていた。そこで、彼らはスローガンと歌を通じて、米国における偉大な成果は、その働きに基づいて尊敬されるべき普通の人々がもたらしたことを強調し、新しい物語を作り上げた。そして彼らは、どうすれば互いが共にふさわしい扱いを受けるのか、組織化された時に*のみ*その確証を得ることができるとしたのだ。

働かない怠け者らが所有するこの世界の全ては、我々のものだ。
我々だけのものなのだ。
堅牢な基礎は、我々が築いた。空に向かって一つひとつ石を積み上げた。
それは我々のものだ。隷属せず、打ち勝ち、所有するのだ。

そして組合が我々を強くする。
彼らがため込んだ金よりも強大な力が我々の手の中にある。
軍隊の力よりも一〇〇〇倍強い力だ。
我々は、古い世界の灰から新しい世界を生み出せる。
組合が我々を強くするからだ。

†相互連結の物語

労働者の代表者たち、キリスト教指導者、芸術家、知識人は、全ての人が職を持ち、全ての人のために働く国、というビジョンを掲げた。キング牧師は、社会のイメージを「決して離れて暮らすことはできない世界の家を受け継いだ、遠く離れた家族」として描いた。そして「そこら中にある不公正は、全ての場所において正義への脅威」であり、社会は「運命の一着の衣に結び付けられた、避けることのできない相互依存のネットワーク」であると述べた。二〇世紀半ばに活発に議論された相互連結の物語は、再分配政策を促進するパラダイムを規定した。

マーシャル・ガンツは、学生非暴力調整委員会の主催者で、全国農業労働者協会のセザール・チャベスと共に活動していた。彼は、私に当時の運動がどのように変革をもたらしたのか、そのプロセスについて教えてくれた。ガンツは、運動の三つの主要な推進力を強調した。一つ目は、このプロセスは、権力への挑戦と社会的規範への挑戦が絡み合った、対立を含むプロセスであったというのだ。

> それはクンバヤ〔協和を求める黒人霊歌〕ではなかったのです。公民権や労働者の権利の不平等に対する私たちの取り組みは、二極化していました。分極化は悪いことではなく、むしろ不可欠なものです。メッセージは、「私たち全員が仲良くするべき」だけではありませんでした。それは、全員に同等の価値と力の基礎が与えられていない限り、うまくいかず、支配を継続させます。私たちは人々を動揺させ、過激だとみなされました。民主主義は、意見の相違と論争に根ざしたものです。そうした正の二極化は、変革の始まりでした。それを通じて、より包括的な社会がもたらされたのです。

二つ目は、組織的団結の長期かつ持続的なプロセスが必要だったことだ。

私たちは、次々と解決策を出すだけでは不十分で、それらは組織化された力の中に構造化される必要がありました。私たちは我慢しなければなりませんでした。モンゴメリー・バス・ボイコット運動によって、人々は、一年以上にわたり徒歩で通勤しました。農業労働者運動においては、最初の勝利を掴むまでに五年かかりました。私たちは、ただ座って大勝利を待ったりせず、今回はお互いに対する積極的な関与を行いました。これらのプロセスは、マクロの変革のために必要なミクロな変革だったのです。ただし、たくさんの間違いも犯しました。組織化というものは、それを実行し、誤り、脱落し、再開することによって学ぶものです。間違いから学ぶことで、私たちは強くなりました。そして変革を手に入れた時、私たちは勝利を達成しただけでなく、より卓越した集合的能力を生み出したのです。人々は言いました。「私たちは以前の自分よりも強いんだ」。組織的団結は、プラカードや勝利の瞬間よりもはるかに重要なものでした。それは、全ての人々が平等な価値ならびに平等な発言権を持つという意味で、民主主義を機能させるところだったのです。

三つ目は、彼らが打ち立てた新しい物語は、怒りと希望、そして正義が組み合わされたものに根ざしていることだ。

怒りは最も重要でした。しかし、もしも人々が勝てないと感じた際には、不満だけでは足りなかったのです。人々は希望も見出す必要がありました。それは陳腐な希望ではなく、現実の可能性に基づいた本物の希望です。私たちは、状況に対して怒りを持っており、また、それを共に変えられることを知っていました。そして、私たちの物語と大義は正しい、という道徳的信念がありました。それらの組み合わせによって、私たちはお互いに結び付き、お互いに積極的に関与して、力を構築してきたのです。

†北欧の福祉国家を生んだもの

人々の力は、ヨーロッパでの福祉国家の出現においても重要だった。例えば、スカンジナビアの福祉国家は、生来、平等主義的で穏やかだと見られている本質的な北欧の性格に由来するものとして、描かれることがある。そのような捉え方では、彼らはその文化的性格から公平なのであり、ＡＢＢＡ（スウェーデン出身の人気ポップスグループ）を好まない不幸な残りの人々への教訓はない。しかし、そのような捉え方は間違っている。

二〇世紀初頭まで、スカンジナビアでは苛酷な貧困と大規模な搾取があった（多くのアメリカ人が、飢餓から逃れてきたスカンジナビア人の子孫だ！）。スカンジナビアの零細農民や労働者は、地方の共同体や組合を通じて、自分たちの力を強化することで、エリートの権力に挑むことができたのだ。エリートたちは、当初、この挑戦を受け入れなかった。彼らは代わりに、労働者の抗議とストライキを阻止するために軍隊を出動させ、配置した。ノルウェー政府は、ストライキを阻止するために民兵さえも組織したのだ。スト参加者は殺されたが、最後は人々の組織的団結によって勝利した。妥協と譲歩の、そして今日のスカンジナビアの平等主義の条件を生み出したのは、下からの強力な圧力だった。ブロンドの髪ではないのだ！　スカンジナビアの歴史は、より公正な社会を夢見る人々にとって、有力な教訓になるであろう。

†イギリスでの取り組み

ブランコ・ミラノヴィッチが、『大不平等』の中で指摘するように、英国では一八六七年から一九七〇年代まで、不平等は下降の軌道を描いていた。第二次世界大戦は、こうした方向を加速させ、強化させる重大な出来事となったが、その数十年前からその後の数十年で成し遂げられた進歩は、時折示されるように、戦争が唯一の要因とみなすことはできないことの証だ。不平等への取り組みは、一から組織化した結果だった。教会、協同組合、労働組合が要となった。労働組合は、より良い賃金と条件を保証した。一九〇九年にウィンストン・チャーチルは、以下のように指摘した。「組織が存在せず、交渉の対等性がない場合、善き雇用主は、悪い雇用主によって打ち負かされ、悪い雇用主は、最悪の雇用主に打ち負かされます。これは進歩ではなく、進歩的退化なのです」。労働組合の組織化は、経済と社会の変革を政治的に可能にするために不可欠だった。新しい政党を誕生させることと、また全ての政党に下から圧力をかけることのいずれにおいてもだ。

英国における不平等への取り組みは、不安を取り除き、全ての人に尊厳のある生活を保証し、全ての階級の人々に教育、健康、交通手段を提供するという、説得力のある新しい物語に支えられた。この物語は、書籍やパンフレットだけでなく、ポスターや写真、さらには音楽によっても語られた。労働組合員たちは、より平等な社会へのビジョンを発表するために、ブラスバンドを組織し、歌を書き、横断幕に刺繡を施した。二〇世紀初頭、サフラジェット〔婦人参政権運動〕のシルビア・パンクハーストによる、女性たちの紡績工場と陶器製造労働者を描いた水彩画は、尊厳ある労働条件を求める彼女たちの苦闘を浮き彫りにした。一九四〇年代には、カンタベリー大主教のウィリアム・テンプルが、「福祉国家」というフレーズを造り出した。社会の重要な再形成には、政策論議を超えたものが必要だったのだ。そのためには、ある物語の集合的想像力を別の物語に置き換えなければならなかった。重要なことは、新しい社会の物語が、単にモダニストのものではないことだった。それは、より深いものを回復すること、現実もしくは想像上における個人主義以前の、過去の価値観に基づいたポスト個人主義の未来を築くことを意味していたのだ。

†アフリカ、アジアでの取り組み

独立後アフリカとアジアの国々もまた、その独立と密接に結び付きながら、不平等に取り組むために大胆な行動を取った。不平等への対処における主な歩みが、どのように思い出されるかを決定づけるのは、偉大な国家指導者の名前であることが多い。しかし、これら諸国においても、下からの組織的団結が不平等への取り組みを実現する秘訣だった。ガーナでは、カカオ労働者による組織化が、彼らの収入を守るカカオ委員会の設立に導いたのみならず、まずはカカオ労働者に、その後、全ての人に無償の教育を開始することにつながったのだ。「世界社会科学報告書」が指摘するように、不平等の減少につながるプロセスには、時として激しい闘争がある。例えば、マレーシアでは、「一九七〇年代から一九八〇年代におけるハイスピードの再分配は、同国の多数民族であるマレー系住民が一九六九年に経済的・社会的疎外に抗議して広まった暴動から生まれた」。他方でより協力的に進む場合もある。例えば、モーリシャスでは「集中賃金交渉と、価格が変動しやすい商品の価格統制、そして特に高齢者のための手厚い社会保障を求める大規模で活動的な労働組合運動と政府が協力して、「OECD式の社会保護」を発展させた」のだ。

†非暴力的運動の重要性

道程は異なるとは言え、いずれの場合も下からの強い圧力の存在が重要だった。興味深いことに、プリンストン大学のレナード・ウォンチェコンと、ハーバード大学のエリカ・チェノウェスといった専門家たちは、その後より平等な社会を促進する上で、非暴力的な運動の方が、暴力的な運動以上に重要な利点を有することを発見した。なぜなら非暴力的な運動では、より民主的な政治手法を支える、分散型のリーダーシップと大衆参加の確立が求められるのに対し、暴力的な運動は、権力の集中をはじめ、ヒエラルキーと垂直政治を強調することにもつながったからだ。言い換えれば、変革が大衆の力によってもたらされた時、その結果は、より民主的かつ包括的で説明責任があり、再分配的だった。不平等との闘いは、先導者によるものよりも大衆運動によって行われた方がうまくいったのだ。

†国家の独立と不平等への取り組み

独立後のアフリカとアジアの国々における不平等への取り組みの進歩は、独立の意味と国家の運命についての物語に基づいていた。反植民地運動のビジョンは、単に外国の指導者から現地の指導者へと置き換えることだけではなかった。彼らの夢は、金持ちによる土地収奪から貧しい人々への公正な土地再分配へと転換すること、狭苦しいスラムからの移動、過酷な飢餓から脱出し満足のいく食事を取ること、不潔な生活ではなく尊厳のある暮らしをすること、搾取ではなくディーセントワークを得ること、刑罰を受けない企業から労働者の権利を確保すること、そして不平等から平等へ、絶望から希望へ、恥辱を自尊心に昇華することだった。とにかく、労働組合と進歩的な社会運動は、しばしば独立運動において重要な役割を果たしてきた。例えば、ガーナではＴＵＣ（労働組合会議）が原動力だったが、理想を実現するにあたっては、多くの失望もあった。しかし、例えばザンビア、タンザニア、スリランカなどの国々では、不平等への対処の試みにおいて、本物の進歩を成し遂げたのだ。政治的独立は、それで終わりではなく、あくまで最初の段階であるとみなされていた。より大きな平等を達成することは、自由のために犠牲を払った人々の栄誉を称える上で、その中心となっていた。また国家の運命を果たすための核心でもあった。新たに独立した国々の市民は、新政府の役割が不平等への対処を通じて、社会を再形成することであるのを明確に理解していた。だが、後に退行の時代がやって来た時、不平等への取り組みは、かつては多くの国々で独立国家の主流な物語と不可分であったにもかかわらず、そこから削除されたのだった。

✝不平等の克服が不可能な場所はない

黄金時代の不平等への対処において、非常に多くの異なる国や状況で達成された進歩は、不平等の克服が不可能な場所は存在しないことを示している。もちろん、もっとうまくできたであろうことは、たくさんあった。戦略的な落とし穴の一つは、黄金時代の公的機関の一部が、人々の要求に追いつけなくなったことだ。公共施設とサービス、そしてインフラを提供することで、異常な不平等から基本的な人間の良識にかなった社会へと変えることに成功した黄金時代の公的機関の一部が、やや硬化したのである。また、それは人々の期待が高まったことも関係している（とりわけ新しい世代は、これらの機関に対して前の世代のような直接的な個人の記憶なしで育ったため）。さらなる説明責任と柔軟性ならびに人間中心となることを求める大衆からの呼びかけに、これらの公的機関がうまく対応しなかった時、彼らやその擁護者は新しいトップダウン型の息苦しい権力の新しい形態であるという疑惑にさらされやすくなった。そして、この落とし穴は、制度の民主化ではなく、制度の撤廃を真の目的とした新たなグループによって非常に効果的に利用されたのだ。

ここで考察するように、黄金時代の進歩は終焉を迎えた。しかし、どのように打ち負かされたかを順序立てて述べる時、私たちは、ただ敵に激怒することはないだろう。敵は私たちに何を教えてくれただろうか。

不平等をもたらす勢力が、私たちに最大の敗北を経験させた事例、そして私たちが敵から学べること

一九八〇年代に入ると世界中の多くの地域で、不平等への取り組みにおける進展が元に戻されていった。国連の「世界社会科学報告書」は、次のように指摘する。「最近の経済的不平等の拡大は、新自由主義のパラダイムが西側諸国において支配的となった一九八〇年代および一九九〇年代にその起源を見出すことができそうだ。その後、経済的不平等は、経済のグローバリゼーションならびに金融化を背景として、世界の他の地域にも徐々に広がっていった」。これは、テクノロジーが全てを変えたからではない。また非情な歴史的勢力のせいでも、偶然でもなかった。それは、新自由主義というアジェンダの意図的な追求であって、そこには計画立案者とメッセンジャー、そして資金提供者が存在したのだ。この時代の私たちの敗北について語ることで、不平等の惨状に対処するために人々を動かすことができる。だが私たちは、それよりも新自由主義の勝利を手助けしたメソッドから何を学べるかを問いかける必要がある。

新自由主義者らが危機から恩恵を被ったことは、はっきりと記録されていた。最初は一九七〇年代の石油危機であり、次は一九八〇年代の債務危機だ。しかし、彼らが本当に恩恵を受けたのは、それらの危機への準備の段階だった。新自由主義者らは、もちろん多くの金を持っていたが、それは、これらの富の集中を助長するアジェンダを持った人々が常に有する不当な優位性だった。では、運と金があることは別として、彼らは一体他に何に正しく取り組んだのだろうか？　新自由主義者らは、大胆な計画およびそれを追求するための強力なネットワークを構築し、さらにそれらの受容を確実にするために、人々が共鳴する新たな神話を展開したのだ。

†新自由主義者たちの動き

新自由主義者らは大胆だった。彼らは当初、変わり者として扱われたが、嘲笑され敵意を向けられた経験がその野心を抑えることにはつながらなかった。彼らは、変革の要求について、当時現実的だと考えられていたものに限定することには関心がなかった。新自由主義者らは、黄金時代のコンセンサスの小さな側面に対して、きわめて慎重に挑むことを求めたのではない。彼らはアジェンダ全体を請け負ったのだ。これらの先導者らは、時代を先取りした。当初はその主張は不可能に思えたが、時間の経過とともに（そして、もちろん多くのリソースを使って）世論を変え、その後、彼らは新たな規範の立案者となったのだ。振り返ると、彼らの不屈さは戦略として立証されたかに見える。

新自由主義者らは、集団行動の力を理解していた。したがって彼らは、自分たちの中でそれを強化しようとし、他者に対しては、その力を制約しようと努めたのだ。彼らは、モン・ペルラン協会をはじめとするネットワークを築いた。自ら公然と認める個人主義者たちだったが、孤立した個人では勝つことができず、共通の目標を達成するためには、お互いに協力しなければならないことを知っていたからだ。

彼らは、労働組合を弱体化させることに熱心に取り組んだ。なぜなら、それぞれの労働者は、組合がなければ、自分個人の弱い交渉力しか持ち合わせていないからだ。経済政策研究所代表のテア・リーは、私にこう説明した。「新自由主義への転換の中で加えられた多くの変更は、労働者が生み出す富の公正な分配について、雇用主との間で有効な交渉をする能力を弱めたのです」。こうした動きに、効果的に対抗した国々は、非組合化の潮流にさらに抵抗し、不平等の拡大にも抗い続けたのだ。

新自由主義者らは、人々の参加と組織的団結を制限するのに努めた。彼らのカリスマ的指導者であるミルトン・フリードマンが、かつて率直に認めたように、「一度、民主主義社会が確立されると、自由主義経済を破壊する」というのだ。すなわち、市場において新自由主義的な自由を確保するためには、人々がつながる自由を阻害することが求められた。また制約のない商取引を保証するには、人間を少なからず束縛することが必要だったのだ。

新自由主義者による神話の創造

しかしながら、新自由主義者らは、抑圧のみで勝利を収めたわけではないし、収めることはできなかった。彼らは、自分たちの利益に反する権力の誕生を受け入れ、さらには歓迎する何百万人もの人々を必要としていた。そのため新自由主義者らは、説得力のある新しい物語を展開したのだ。彼らは、本当に問題となっているのは、価値観の衝突であることを十分に理解していたので、その物語は、経済政策をはるかに超えたものになった。ハイエクと彼の同僚らが、一九四七年にモン・ペルラン協会の所信声明で明らかにしたように、経済学の基礎は、「経済学の教義に限定された」ものではなく、「道徳と哲学、そして歴史解釈の分野での表現を見つける思想運動の一部」である。したがって彼らは、「これらのより幅広い考えにも注意を向けなければならず、広く受け入れられる道徳的規範」を新たに作り上げなければならなかった。

†「能力主義」というフィクション

彼らは現代の神話作成者として大成功を収めたが、高水準の知的アジェンダを展開しただけでは、突破口はもたらされなかった。そこで彼らは、個人主義をナショナリズムや伝統と結び付けて、自分たちのかなり冷徹な経済的アプローチを自由および立派な社会的地位へのより熱烈な憧れに根ざしたものとして、売り込む方法を編み出した。新自由主義者らは、雑誌から映画までマスメディアで語られた物語を通じて、それを実行したのだ。新自由主義における最も有名な代弁者が、フリードマンのような知識人らではなく、俳優のロナルド・レーガンだったのは偶然ではない。

彼らは物語を、偶像破壊および自由の言語で語ったのだ。新自由主義者らは、医師や教師、もしくは政府関係者の力に「反抗する」ことについて語りかけた（もちろん大金の力に抵抗するのではない）。もともとは皮肉っぽく使われてきた「能力主義」という言葉は、国家が企業の望むようにやらせれば、努力と才能により、誰もがトップに昇りつめることができるという、大ヒットした作り話に変わったのだ。つまり、トップにい<u>ない</u>人々は、単に自己責任であり、トップに居座る人々は、誰もが自ら「そこにたどり着いた」ため、彼らが所有する全ては「当然の報い」であるということだ。激しい不平等によって社会的流動性が実際に減少するという事実は、映画で語られ、学校で教えられ、ニュースで繰り返されたフィクションの力に比べて重要視されなかった。各政策は、神話から生まれ、神話に依存した。新自由主義プロジェクトの成功は、私たちが社会について語る方法を再設定することに基づいていた。

†新自由主義の勝利

新自由主義者らの勝利は、驚くべきものだった。例えば、米国、フランス、英国では、一九五〇年代には主要政党のいずれもが、富の大きな不均衡に対抗するために、国家が力を尽くさねばならないというコンセンサスを受け入れていた。一方で、一九九〇年代になると三カ国全てにおいて主要政党が共に、国家がそうしたことを行ってはいけないという新たなコンセンサスを受容したのだ。確かに新自由主義は、「左」と「右」といった用語をひっくり返した。一九九〇年代のいわゆる左派政権の経済的アプローチは、多くの点で一九五〇年代のいわゆる右派政権の「右」の政策だった！　それはまさに勝利の印である。

実際、黄金時代と新自由主義時代の二つの期間は、グラムシが「対話のヘゲモナイズ」と呼んだものだ。つまり、語られてきた人気のある物語を支配して、主流な議論の領域を決定することに、二つの異なるサイドがいかに順番に成功したかを示している。

不平等との闘いにおいて、いつ、どうやって勝利したかを考えることは、私たちが再び勝つために重要だ。しかし、それはまた私たちがいつ、どのように打ち負かされたかも反映している。腹を立てないで、冷静になるべきだ。

不平等との闘いを歴史から学ぶ

私たちの祖先の経験は、闘うためにどのようなアプローチが有効であるかという共通の教訓を示している。もちろん、全ての場所および全ての闘争は、個別であり、それぞれ異なっている。だがエドワード・サイードは、こう述べた。「批判的な学者の仕事は、ある闘争を別の闘争から分離することではなく、それらを結び付けることなのです」。

危機は、しばしば重要であり、決定的な分岐点や可能性の瞬間を生み出した。しかし、不平等と闘う人々の成功を確実なものにするには、危機だけでは決して十分ではなかった。

米国では一九二九年の危機に続いて進歩的な変革が起こったが、中央ヨーロッパではファシズムが勃興した。また石油危機と債務危機は、新自由主義を推し進めるのを手助けした。不平等を打ち負かす瞬間を捉える準備のために、運動は、危機が訪れる前に打ち立てられる必要があったのだ。

†重要なのは厄介者になること

不平等に対する運動で成功を遂げたものは全て、権力者からの敵意に直面した。だからこそ、これらの運動は、人々がトラブルに巻き込まれることもいとわないような、そうした意欲にかかっていたのだ。米国の公民権運動に携わったジョン・ルイスは、子供の頃に母親から「邪魔にならないで、トラブルに巻き込まれないで」と促されたという。しかし、彼は十代の時に、不平等と闘う活動家たちからインスピレーションを得て、気づいたのだ。それは、変革を起こすためには「トラブルに巻き込まれ、良いトラブル、必要なトラブル」を経験しなければならないことである。同じくラテンアメリカで、土地へのアクセスを求めた土地なし労働者や、婦人参政権のために闘った英国のサフラジェット運動家たちは、必要な変革を鼓舞することが広く認められる前は、全員が「トラブルメーカー」として扱われていたのだ。各国政府は、私たち残りの九九％の人々からの圧力なしには、不平等に対処するために必要な決意を持って行動せず最初は一貫してそうした働きかけに抵抗した。二〇世紀を通じて、女性の権利、公民権、移民の権利、そして環境のための運動に関わった、マージョリー・ストーンマン・ダグラスは、彼女が得た大切な教訓をこう要約した。「重要なのは厄介者になることです」。権力は異議を唱えられた際に、しばしば猛烈な反動を起こしてきた。しかし歴史が明示するように、そうした反動は、進歩の指標となり得るのだ。

†集団的な組織化の重要性

不平等に対する勝利は、集団的な組織化にも深く結び付いていた。いずれの事例でも変革は、集団的であり、決して個人的ではなかった。なぜなら不平等との闘いに勝つには、一般の人々がこれまで持っていなかった集団的な力が必要だったからである。また不平等に対する進歩には、しばしば歩み寄りと交渉が付きものだった。だが不平等と闘う人々にとって決定的に重要なのは、歩み寄りと交渉に必要な強さを持つことだった。加えて、権力を持つ人々による「譲歩」は、寛大さと同義ではなかった。そうした譲歩が必要となったのは、人々が組織的に団結したことでエリートらの力が弱まったという事実によるものだ。内部に味方を得ることは、平等を目指して行動する人々の助けになることも多かった。しかし、それだけでは決して十分でなかった。一つの集団として、支配者を追いやらなければならなかったのである。歴史の父、古代ギリシャの作家トゥキュディデスは、こう述べている。「正義の質は、強制する力の平等性にかかっている」。権力が監視されていない場合には、「強者は、なし得ることをなし、弱者は、苦しむべきことに苦しむのだ」。

もちろん、いくつかの事例では、外部からの脅威に対する恐れが重要な要素だった。例えば、冷戦下の共産主義への恐れは、西側諸国の中で平等主義を促進させた。しかし、これらの事例においても、進歩は、エリートらが人々による潜在的な異議申し立てを恐れ、彼らに譲歩を強制するような国で起こった。そして、それは組織的に団結した人々の存在にかかっていた。

人々が作り上げた物語や、彼らが描いた、より平等な世界の光景は、変革という目的を定め、それを形作った。共有された価値観と共有された経験の言葉は、私たちが同じ人間であることを明らかにするのに役立った。労働組合員、サフラジェット、反植民地主義者、活動家、そして宗教団体は、極端な特権と排除が、全ての人のために奉仕する社会を誕生させる、そうしたビジョンを描いた歌、詩、ポスター、バッジ、そして横断幕を作った。その後、一九七〇年代から一九八〇年代にかけて、新自由主義者らは、世論をコミュニティから個人主義にうまく変化させた。

振り返ってみると、不平等に対する勝利の数々は、単に「起こった」のでなく、また「与えられた」だけでもなく、私たちが異議申し立てを行い、組織的に団結し、あるべき世界の姿を描いた一般の人々によって、勝ち取られたことがわかる。

歴史は、不平等との闘いに勝利できることを証明しているが、そうした勝利は、まだ最終的なものではないのだ。公民権運動のある歌が、人々にそれを思い出させた。

自由は、翼をはためかす鳥のようには飛んで来ない
自由は、夏の雨のように降ってくることはない
自由、そう自由は、苦労してやっと勝ち取ったものだ
あなたは、そのために努力し、闘わなければならない
昼も夜もそのために
そして全ての世代が、再び勝ち取らなければならない

そう今も私たち自身の歴史を作らなければいけないのだ。

現場からの報告　私たちがあまり知ることのない偉大なキャンペーンの多くの共通点

私は若い頃、キャンペーンに情熱を抱いており、よく参加したものだ。しかし、NGOの専門家になると、リアリズムと冷静な分析、そして戦略の慎重な評価にもっと焦点を合わせるように教えられた。重要なことは、そこで何が効果的かということだった。

私はその意気で、何が本当に違いを生んだのかを調査するために、キャンペーンに確実に成功していた四人のリーダーたちと話をしたのだった。ジェイ・ナイドゥーは、南アフリカの労働組合運動におけるアパルトヘイトの苦しい闘いを主導した人物だ。アン・ペティフォーは、第三世界の債務帳消しのためのジュビリー2000キャンペーンを率いていた。リリアン・ンジェフは、ケニアの森林を救うためのキャンペーンによってノーベル賞を受賞した、環境保護活動家のワンガリ・マータイと共に活動していた。クムティ・マジーは、インドのニヤンギリ出身部族のリーダーで、ヴェダンタ・コーポレーションによる彼らの土地における採掘計画を打ち負かした人物だった。

　これらのキャンペーン関係者たちが懸命に指摘していたように、全ての成功は、部分的かつ非永続的である。そして、いずれも一人で勝利することはできなかった。それでも彼らは勝者だった。全て異なる事例だが多くの共通点もあった。ただ、それらは私がかつて教えられたことがなかったのも確かだった。

　はじめに、彼らにキャンペーンを開始した時に勝利すると思っていたかを尋ねてみた。私はリーダーたちがその自信の裏にある現実的な理由をはじめ、それぞれが行ったパワーマッピングや評価について説明するに違いないと考えたからだ。しかし、誰もそのようなことは全く話さなかった。ペティフォーは、私にこう言った。「いいえ、最初は勝つことができないと確信していました」。そして、ジュビリー２０００のキャンペーンのブランディングに関して、内部でどのような議論があったかを話してくれた。「私たちは、わずか五年でジュビリー２０００のアイデンティティに基づいて、いかに債務を大きな問題にできるのか見当がつきませんでした。……けれどもそれは間違っていました。私たちのアイデンティティと、イスラム教、ユダヤ教、キリスト教に埋め込まれたその深い象徴性は、キャンペーンの成功に不可欠だったのです」。

他の三人は、自分たちが勝利することはわかっていたが、それは正式な計画や分析を行っていたからではないと言った。それは心からの信念の問題だった。ンジェフは言った。「私たちの先祖は、この土地のために死にゆきました」。またマジーはこう答えた。「私たちは、仲間と「ニヤン・ラジャ」を信じています。そして、ニヤンギリを私たちの生ける神として崇拝しているのです。いかなる状況にあっても私たちが神から離れることはありません。私たちの闘いは、多くの浮き沈みを経験しました。しかし、私たちは人生の最悪の時期でさえ、決して止まりませんでした」。ナイドゥーは、スティーブ・ビコを通じてアパルトヘイトとの闘いにどのように関わってきたかを説明した。「スティーブは、私たちにプロジェクト計画や論理の枠組、それに予算についても教えてくれませんでしたが、従うべき方向性と誇りを私たちに与えてくれました。そして、自分自身を愛すること、自分の鎖以外に失うものは何一つないことも教えてくれました」。

それは彼らの経験から得られる二つ目の教訓への手掛かりだ。成功を果たした全てのキャンペーンは、前進と後退を繰り返してきた。そして過酷な時期には、これらのリーダーたちは、計画からではなく、より深い道徳的な力から強さを引き出したのだ。マジーは、彼のコミュニティを動かしたのは、「次の世代のために自分たちの「祖国」を守る決意」であると語った。ペティフォーも、似たようなことに言及した。「アフリカで生まれ育った私は、このキャンペーンに深く身を投じました。なぜなら、それを道徳的、経済的、社会的不公正の一つと信じていたからです。その信念が、私を突き動かしました。私は宗教的な人間ではありませんが、仲間との交流を通じて、公正と正義は実現されるだろうという、献身的で深い信仰心を抱いていました」。ンジェフは、彼女のグループが掲げる「信仰があれば死を恐れることはない」の意味するところを説明した。これらのフレーズは、キャンペーン参加者向けの一般的なトレーニングや、何が効果的かが書かれたレポートにおいては、ほとんど見かけない言葉たちである。

三つ目の共通点として、勝利をもたらしたのは、個人の知性ではなく集合的な力だったことがあげられる。ナイドゥーが説明したように、大衆動員力と組織化もまた重要であった。「変革をもたらすために、私たちは工場ごとに、そして通りごとに組織的に団結しました」。彼は続けた。「人々の優先順位を設定し、問いかけることで彼らの優先事項を見出すのです」。ンジェフは、成功がいかに「草の根の運動」に基づくものだったかを強調した。「この草の根の運動は、家族のために闘う普通の女性によって築かれました。子供たちのための調理に必要な木々を守り、彼女たちが拠り所としていた土地を守ったのです。それは彼女たちが感じた必要性からでした」。人々の力は、これら全ての勝利の中心をなし、人々の力の中心をなしていたのは、団結だった。

マジーは、ある村の集会について話してくれた。会社関係者らが「肉と酒を提供して、村の人々を買収しようとしましたが、会社に賛成する発言をした者は、誰一人いませんでした」。同様に、一九九八年にバーミンガムで行われたG8サミット会場の周辺で、ペティフォーと彼女の同僚たちは、抗議運動を計画していた。これに対し英国政府は、「その日、G8の首脳らは、何マイルも離れた城で過ごす」というメッセージを出し、彼女たちを追い払おうとした。こうして、この抗議運動には多くの人々が集まらないと思われた。しかし、私がバーミンガム駅の外に立っていると、突如として何千人もの支持者たちが溢れ出てきたのだ。英国政府の戦術は失敗した。そして首相は、一〇万人ものジュビリー2000支持者たちの代表と会うために、バーミンガムに戻らざるを得なくなったのだ。ロビー活動は、どんなにスマートなものでも、肩を並べて共に立ち上がる決意を持った人々による、堅固なグループの直接行動と合致する場合にのみ効果的なのだ。

第四の共通点は、非常に貧弱な財源や物資のもとでキャンペーンに取り組まなければならない場合でも、四人とも、彼らのアジェンダを資金提供者らによって具現化させるのを拒否したことだ。ンジェフは回想した。「資金提供者らが私たちの計画を変更させるためにやって来た時、あなた方の計画には従いたくないのでお金は受け取らないと伝えました」。彼女はこう続けた。「お金は重要ですよ。でもお金で考えを変えることはできません。もし人々がキャンペーンを自分自身のものとして理解していたら、お金などなくてもキャンペーンはできます。また人々がキャンペーンを自分たちの問題として見ていない場合は、彼らにお金を与えても、その必要性を心から理解させることはできないのです。ナイドゥーは、資金提供者重視の傾向が強まっていることで、既に多くの社会正義組織が弱体化していることに警鐘を鳴らした。「今が、社会運動、労働組合、進歩的勢力、NGOにとって正念場です。人々は、圧倒的多数と超富裕層間の重大な衝突の中で、自らを傍観者にした保守主義と官僚主義から、脱却しなければならないのです」。

第五の共通点は、私が四人のリーダーに対して、若かりし自分にどんなアドバイスをするかを聞いた時に、より正式なトレーニングの利点に誰も言及しなかったことだ。その代わりに、彼らは、長期戦が避けられないキャンペーンに従事し続ける上で必要な決意に触れた。マジーは言った。「決してあきらめないでください。いかなる状況であっても、どんなに抑圧されても、ただあなたの旅を続けるのです。あなたの個人的関心の最上位にコミュニティの利益を置き続けてください。成功するための闘いには犠牲が必要です。そこに近道はありません」。ペティフォーの若かりし自分へのアドバイスは、特に感動的なものだった。「あなたのひたむきな決意は、賞賛に値するものでした。ただ、いくつか外交の技術を習得していたら、もっと先へと進むことができたでしょう」。

最後に、彼ら全員が強調したことがある。それは、彼らの物語が失敗と混乱に満ちたものだったことだ。したがって、彼らから成功を学ぶことは、それほど困難ではないだろう。私のお気に入りは、ナイドゥーがチュニスのバーで語ったものだ。「ネルソン・マンデラが解放された日、私は彼の面倒を見ることになっていたのですが、うまく計画されていませんでした。全てが非常に速く、たくさんのことが起きたので、私は彼を見失ってしまったのです」。「彼がいなくなったのですか?」私は尋ねた。「はい。当時は携帯電話がなかったので、彼を捕まえることができなかったんです。居場所がわかりませんでした」。「あなたはマンデラを見失ったのですね?」。「ええ」。「あなたは、労働組合の闘争を主導してアパルトヘイトを崩壊させる手伝いをしたのに、マンデラを失った」。「ええ、そうなんです」。

全体的にみて、もし正義のためのキャンペーンが社会科学であるとしたら、これらの教訓は、それが「科学というよりも社会的」であることを示している。成功を遂げたキャンペーン指導者たち全員の物語は、彼らがとても深いものを、より深遠なるものを巧みに利用し、変革のためにそれをつなぐのに努めたことを明らかにした。アンジェラ・デイビスは、かつてこう述べている。「私は自分が変えられないものは、もう受け入れません。私は、自分が受け入れられないものを変えていくのです」。彼らの知恵を通じて、私はこれまで手放すように教えられてきた精神を再発見することができたのだ。

第3章 どのように不平等是正の闘いに再び勝利するか

「何事も成し遂げられるまでは不可能に見えるものだ」

もう一つのクイズ。一九六六年のギャラップ・オピニオン・ポールで、六三％のアメリカ国民が支持をしなかった人物とは誰だろうか？

その答えはマーティン・ルーサー・キングだ。

これを言いたかった理由は二つある。一つ目の理由は、キング牧師を支持しないアメリカ人は、二〇一一年の時点ではアメリカ国民の四％しか存在しなかったからである。つまり、人々はキング牧師の過去のイメージを現在の世論で認識しがちで、彼はこれまで一貫して国民から支持を得ていたと考える傾向がある。そのため、何者かに刃向かい闘わないような人々や運動などからでも変化が生まれるものだと、まったくの勘違いをしてしまう。

しかし、キング牧師やその他のチェンジメーカーから学ぶべき事実とは、私たちは不平等を是正するにあたり、権力と奮闘して向き合い、現在の社会通念に挑戦することなのだ。

上述の世論調査を取り上げた二つ目の理由は、自分たちの不平等に立ち向かう闘いが上手くいかないかもしれないと思った時に、過去の社会革新のために展開された運動は、多くの場合無意味だと捉えられていたことを思い出すためである。しかし、今現在それらの運動は、まるで可能性に溢れていたかのように書かれているのだ。

†不平等の是正は政策による

今日目にする異常な不平等は時に避けられないものであり、変えられないものに見えることがある。そのように見えるのは、人間の自然な反応なのかもしれないし、はたまたテクノロジーの進化がそう見せているからかもしれないし、あるいは決して止められない負の連鎖が存在するからなのかもしれない。かつてないほど広がる格差を「不可避」のものと捉えることについて、フランスの経済学者トマ・ピケティの考えが示唆に富んでいる。ピケティは名書『21世紀の資本』の中で、現代経済について極めて詳細な分析を行い、不平等がいかにさらなる不平等を生み出すのかを説明している。ピケティが講演でロンドンに訪れた際に、私は次のような質問をした。「不平等の是正は本質的に対処できないものなのでしょうか、それとも可能なのでしょうか。もし可能なのだとしたら、どう対処すれば良いと思いますか」。彼は一般的に悲観論者として知られているため、その答えは講演客を驚かせ、また希望をもたらすものであった。ピケティは次のように述べたのである。

「〔不平等の是正は〕偶発的に生じるものではなく、政策によるものと言えるでしょう。一九八〇年代以降に見られる不平等の再燃は政策の転換による影響が非常に大きいと言えます。特に税制と金融分野がそうです。なので、私の結論は悲観的なものではありません。民主的なプロセスにより不平等を正すことができるのです。簡単ではないですが、それは可能なのです」。ピケティの民主的なプロセスに焦点を当てた指摘は、非常に的を射ている。彼が言う民主的なプロセスとは何も選挙だけを意味しているわけではなく、キング牧師のような活発な市民による組織も含まれる。

私たちは強力なエリートグループによる独占という構造的問題に直面しており、彼らはプレッシャーを与えられない限り自ら変わろうとはしない。しかし、もし正しい形でプレッシャーを与えられたら、彼らも変わる。不平等を打ち破ることはできる、なぜなら私たちは協力の中で、それを打ちのめすことができるからである。それは現時点では不可能に見えるかもしれないが、ネルソン・マンデラが言うように「何事も成し遂げられるまでは不可能に見える」ものなのだ。

不平等と闘うための政策、それをどう獲得するか

不平等との闘いに勝利するためには政府の行動が不可欠だ。私たちは不平等との闘いに勝利できるかどうかはあなたにかかっていると考えている。しかし、それはあなた自身の生き方の選択を通し、一個人として不平等との闘いに勝利するという意味ではない。そして、私たちは不平等是正の取り組みにはあなたがいかに他者と協力できるかにかかっていると考えているが、それは志を共にする者が一般社会から離れ、孤立したのどかな農村で自給自足の生活を営めば良いという意味ではない。不平等との奮闘においては、同じ志を持つ者たちがお互いに関係し合うかどうかではなく、どのように関係するかどうかが重要になってくる。つまり、関係性の構造に着目し、その構造に変化を加える必要があるのだ。例えば、職場での関係性、公共サービスへのアクセス、そして富の分配における変化が求められるのである。そのために、私たちは国家が行動に出るように促す必要があるのだ。

もしも「政府を追い出す」ことでコミュニティが「自ら問題を解決できる」というサイレンの歌〔魅惑の歌〕を、エンパワーメントの名の下で歌うというのならば、それは現実

からかけ離れているばかりか、非常に後退した考えであり、正しいとは言えない。もし一般市民が政府によって「ほったらかし」にされれば、市民が自分たちに必要となるサービスやインフラストラクチャーを築こうにも、常に資金不足になってしまう。そして、もし富裕者が政府によって「ほったらかし」にされれば、彼らの莫大な資産の蓄積は手つかずのままになる。率直に言えば、だから富裕層は求める者に資金提供を行うのだ。政府が正常に機能するように正さなければいけないのであって、政府をどこかに追いやるのではない。不平等との闘いには正しく機能する政府が不可欠と言える。私たちには、活動的で強力かつ責任をきちんと果たせる政府が必要なのである。

†不平等に対処する政策

「政府が不平等に対処するための手法はたくさんあります」。国連開発計画（UNDP）ラテンアメリカ・カリブ局長、ルイス・フェリペ・ロペス－カルバは私に説明してくれた。「政府は人々が市場に参入する前の段階とまさに市場に参入している段階、そして市場から離れた後の段階に注目する必要があります。労働市場に参加する前に、人々は教育、健康やその他の要素を備えなければなりません。しかし市場はルールで守られる必要があって、そうすることで市場は人々を排除せず、社会的に望ましい結果をもたらすことができるのです。人々が労働市場から離れた後にも、政府には事後再分配を行うといった手段があり、それを使えるのです」。

つまり、不平等に対処するためには、不平等を吹き飛ばす多岐にわたる政策を確保することが重要なのだ。不平等への取り組みは一国の政策に向き合うことから始まる。なぜなら、国が経済成長をするにつれて国民も同様に豊かになっていくかどうかは、国内できちんと富が分配されているのかを問う声の強さにかかっているからだ。同時に、気候変動や、複数国の富の合計よりも大きな資産を持つ巨大多国籍企業、各地にあるタックス・ヘイブンが世界的に及ぼす影響を考えても分かる通り、各国の政策は国際的に連携してそれらの問題に対処する必要がある。

ポリシー・ミックスの幅は広くなるが、それを定めていくことは不可能ではない。もちろん、政策はその都度背景に合わせて策定されなければならないし、一国一国で作られて行くべきものであり、その他の第三者が強いるのは良くない。しかしながら、いくつか役に立つ教訓がある。歴史や草の根活動が要求してきたことや政策研究の成果を見ていると、全てある一つの指針を示してくれているのがわかる。それは次の通りだ。

†過去の政策を見る

私たちは先例により、どこから始めるか、そしてさらにどこまでやるべきかを把握することができる。例えば二〇〇〇年代にブラジルで実践された政策を見てみよう。その政策は貧困層に雇用を生み出し収入を向上させ、社会的保護と教育機会を拡大し、収入と土地を再分配するとともに差別問題にも対処するものだった。二〇世紀中盤の世界的な「黄金の時代」には、公共サービスの拡大や累進課税の導入、労働組合組織化の推進、莫大な富を限られた人々に集中することへの制限が行われた。草の根市民社会活動の組織からは、次のような要求が繰り返された。医療と教育の無償化、尊厳のある仕事、土地、消費税削減と必需品に対する税控除、富裕層と大企業への課税、気候変動の影響により被害や損失を受けたコミュニティへの補償などである。当然、このような要求は実現可能な政策として具体化されなければいけないし、現にそれはこれまでNGOの政策アナリストや学者が行ってきたことである。

アクションエイドに所属していた時に、ふと目にした報告書がある。そのタイトルは「一部の特権階級――巨万の富、理由なき権力、平等のための闘い」というもので、同報告書は不平等を減らすために必要な政策を提案していた。その中には、医療や教育、幼児ケアといった公共サービスや、育児補償や年金などの社会的保護や土地保有者の拡大、私的占有されている広大な土地の再分配、間接税の減税、高額所得者へのさらなる課税、脱税対策とタックスホリデーの撤廃、生活賃金に見合う最低賃金の引き上げ、女性が抱える無報酬家事労働の重荷の認識とその削減や対価の支払いなど、公共インフラへの投資増加が含まれる。私たちが直面する危機的な不平等の状態や、一%の人口が握る力を全体で共有できるようにすることの必要性を踏まえ、報告書は次のようにも提案していた。労働組合の権利を強化し、富に課税する仕組みを作り、会社内で従業員の意思決定の役割を増やすことで企業の民主的制度を向上させること、会社内で最年少の労働者に支払われる賃金に応じて賃金の最高額を決めること、政党や政治活動に対する私的な献金を制限することなどである。

†「不平等削減のコミットメント指標」

「ディベロップメント・ファイナンス・インターナショナル（Development Finance International）」とオックスファムが手がける「不平等削減のコミットメント指標」は良くでき

ていて、不平等に対処する政府の行動を紹介してくれる。例えば、韓国政府が行った富裕層への増税や貧困層への公的支出の拡大、そして最低賃金の引き上げ、エチオピア政府の教育投資、インドネシア政府の最低賃金引き上げと医療への公的支出の拡大などが取り上げられている。他方で、同指標では最も不平等を悪化させている政策も紹介している。例えば、ブラジルの新政府が社会支出を凍結したことがいかにそれまで築き上げられてきた成果を台無しにしたのかということや、アメリカ政府の法人税減税が人口の一％に歴史上最大級の富が集中する状況を作り出したことなどが取り上げられている。

これらに加えて、同指標は二七の基準から一五七カ国の社会的政策、財政的政策、そして労働政策がどれくらい満足のいくレベルに達しているか、また不平等に立ち向かうという国際的な誓約を果たすためにさらに何が必要なのか、その詳細を示してくれる。

†気候変動への無策は不平等を拡大させる

気候変動に関する運動は同問題に無策であることが、いかに不平等を拡大するのかをはっきりと示しており、気候変動に対処するために必要な政策がいかに不平等との闘いの助けになるかを物語っている。気候変動への対処には最も裕福な人々の消費活動にも制限をかける必要が出てくる。ランド大学のステファン・ゴスリンの計算によれば、これら富裕層は平均的な人々と比較して一万倍の二酸化炭素を生み出すのだという。気候変動の対処には、公共交通やインフラへの巨額の投資が必要となる。このような投資は、少なくとも次の四つの点から不平等を削減する上で有効と言える。まず、質の高い仕事を何百万と作ることができ、次に最上質の無料で使用できる共通資本と、累進課税によって賄われる公共サービスを創出することができる。そして、公的医療を向上させることができ、さらに深い文化的なレベルに関して言えば、それらのサービスを利用することで得られる集団の経験を促すことができる。「人類対環境」という古びた議論は終え、労働組合と環境活動家を団結させる「公正な移行」の呼びかけは具体化され、コスト化され、モデル化が進んできた。そのため、政策立案者の準備が整えばいつでも実践可能な状態にある。

NGOや学者の優れた書籍や論文に加えて、国連によって作成された素晴らしい政策報告書も存在する。以前のように検閲を回避するために急進的な提案は深く沈めて見えにくくするといったことはせず、今ではタイトルすら「グローバル・グリーン・ニューディールのファイナンス」、「一八七カ国における社会的投資を拡大するための選択肢」といった形で表されるようになった。

†政府に実行させるための取り組み

不平等に対処するための政策に関する対話はかつてないほどの盛り上がりを見せている。現在ではそうした対話により、可能性に関する考え方の転換や政府内における協力者へのサポート、そして革新的アドボカシーへのサポートを行うためのエビデンスや政策提言を作り出す重要な役割を果たす機関や組織が存在する。しかし、政府による行動がなくとも不平等を是正することができるという幻想を持たぬようにしなければならないのと同時に、政府は正しいエビデンスによって裏付けられた政策提言を受けさえすれば行動に出るという幻想も持つべきではない。変革をもたらし得る政策立案はそのように機能するわけではないのだ。政府のリーダーたちに要望する内容を推敲することだけでは足りない。政府にそれを実行させるための取り組みが必要になる。現在まで、不平等を是正することを目的としたほとんどの労力は政策立案に焦点を当てており、政策手段にではなかった。私たちは、不平等と向き合うことにコミットした政府が何をできるかについて、有り余るほどのアイデアを持ち合わせている。乗り越えなければいけない障壁はいかにこれらの変化を可能にするかということである。

政治家の賛同なしには何も変わらないというのは事実だが、それは政治家に頼らなければいけないという意味ではない。政策策定はエリートの手中にあり、一般市民が行うものではない。しかし、私たちは政策策定における主体的な役割を主張し取り戻すことができる。オックスファム・インターナショナルの事務局長、ウィニー・ビヤニマは次のように私に語った。「変化は人々の組織化によってもたらされます。不平等は権力に関連する政治的な問題で、少数によって占有されてきた権力に抵抗する人々だけが解決に向かわせることができるからです」。

もし一般の人々が政府に責任ある行動を促す力を築けなければ、革新的な政策の変化は生まれない。そしてまた、法制化されたどんな有効に見える政策も徹底が不十分になり、いとも簡単に覆されてしまうだろう。アパルトヘイト廃止の一助となった労働組合連盟を立ち上げたジェイ・ナイドゥーは不平等に立ち向かう若い活動家の団体に、どのような変化が勝利へとつながったのかについて語った。「重要なのはどれほどあなたの議論が精巧かどうかではないのです。誰も優れたパワーポイント資料を見ただけでは権力を手放そうとはしないでしょう。エリートとの対峙や交渉において、肝心なことはあなたたち、市民側とエリート側との力のバランスです。本当に効果的な市民組織団体とは、二一世紀において人々をいかにまとめ上げるかという問題に取り組み、成功した団体と言えます」。社会や一般社会の意思は政治的意思を上回るのだ。

†変化は下からの圧力を通してのみもたらされる

どのように変化を促していくか、そのアプローチは求める変革の度合いによって変わる。変化は下からの圧力を通してのみもたらされる。これが唯一、これまでに証明されてきた方法なのだ。利害関係や権力の問題に目を向けず証拠を共有することや内部からの働きかけだけで、あらゆる進歩的な変化を求めるような戦略には、重大な欠陥があることは明白だ。例えば、私はタイ保健省の官僚から患者のグループが展開していった運動の話を聞いたことがある。HIV／エイズを患う人々は医薬品会社や欧米諸国政府の凄まじい反対にあいながら、手頃な治療薬へのアクセスにつながる、政治を動かす運動を展開した。これは後に国民皆保険制度の導入につながった。ちなみに、世界銀行はタイでは国民皆保険制度の実現は無理だと考えていた。同様に、ケニヤの無償教育、アメリカにおける自由貿易圏の失敗、途上国の「負債の帳消し」という国際的な判断、これらは全てエリートパワーに対抗するために集団の力を結集して実現したものであった。

†ルールを作る者を変える

このような事例を見れば、不平等を乗り越えるための戦略にそれを求める人々の力の結集が伴わない場合、歴史的に見ても論理的に見ても上手くいかないことがわかるだろう。不平等は一つの際立った原因によって生まれるものではない。不平等は構造を持ち複雑性を孕むもので、あらゆる進歩的な変化を止めてしまう。不平等拡大の流れを反転させるには、ルールを変えるというだけではなくルールを作る者を変えなければならない。これは丁寧で理論的な討論やロビー団体が要求するような一般的な問題とは異なる。これは力の不均衡が関連しており、相殺する力が形成されることによってのみ立ち向かうことができるのだ。国連のスピーチでオバマ元大統領は次のように演説をした。「富裕層は現状維持を望んでおり、そしてとんでもないほどの影響力を持っている」。

ケニアの活動家ジョキ・ジェフは人々の森林と人権を守る運動を行っている活動家ワンガリ・マータイと共に草の根運動を開始し、ワシントンD.C.の組織を率いるようになった。その後彼女はなぜワシントンD.C.を離れ、草の根の組織活動に戻ったのかを教えてくれた。「D.C.は変化を求めて闘うためには非常に良い場所なのですが、その中にいると見失ってしまうこともあるのです。優れた報告書やメディアを駆使したキャンペーンを行えるのですが、人々を組織し始めないことには実際の変化をもたらすことはできないのです。影響を与えることばかりに集中して見失ってはいけません。変化をもたらす力はいつも下からもたらされるのですから」。

✝卓越した組織とは

不平等との闘いで重要な要素を一つあげるとするならば、それは一つではないということである。このような言い回しが時折使われる。それはつまり、不平等との闘いで勝利を収めるためには、個々の政策が上手くいくだけでは不十分という意味である。それに続いて、組織化が必要になってくる。私は最も完成された組織と巡り合ったことがあり、それらの組織と不平等に対する闘いを共にしたことがある。卓越した組織は、全て次の二段階に分けられる戦略を発達させてきたことがわかる。一つ目は、ある時期に直面している特定の問題、例えば最低賃金引き上げや土地改革などを解決するために組織することである。二つ目は、これが最も重要なのだが、ある特定の問題の解決を通して、次のまたその次の改善したい問題に対処するために能力をより強化することである。これを通して、一連の機関に影響をもたらし、一連の政策を現実化することができるのだ。そして、この行動を通して能力を鍛え上げ、強みを活かして支援の基盤を固め、変化をもたらすことは可能なのだという自信を築くのである。もちろん、特定の問題で勝利を収めることは重要だ。自分たちが短期間で変化をもたらしたという実感が得られるからだ。何も成果を得られないとやる気を保つのが難しくなってしまう。しかし、それぞれの成功はより大きな変化をもたらすための作戦の一部に過ぎない。これこそが一つの課題に限定したキャンペーンとムーブメントを分ける点なのだ。

一連の革新的で特別な政策を成功裏に発展させるためには、どのようにすれば皆がより平等に生きていくことができるのか、その全体像を描く必要がある。私たちはある特定の要求を持つ必要があるが、良き社会とはどのようなものかという大きなビジョンも示さなければいけない。ダニー・スリスカンダラジャは次のように話してくれた。「私たちは小競り合いに注目するのではなく、より広い視野を持ち全体像を見る必要があります。私たちはグローバル化し階層化した特異な経済の中にいます。この世界には酷い富の蓄積と欲望が存在するのです。私たちはこれに代わる物語を作る必要があるのです」。

不平等を正すための手段は政策であり、それを機能させるのは政府なのだが、政府に働きかけ政策を実行させる力を持つのは私たちなのである。それではどうすれば良いのか？中でも次に確認していく三つの要素がとても重要になる。それは、服従するのをやめること、力を合わせること、そして新しい物語を作ることである。

服従するのをやめる

不平等との闘いにおける勝利はある種の新しいコンセンサスを形成するのだが、それらのコンセンサスは既存の体制に立ち向かう中で古いコンセンサスを打ち砕いて初めて成り立つ。そのため、不平等に立ち向かうために一番はじめにしなければならないことは、服従するのをやめることなのである。

聖書学者であると同時に牧師でもあるリズ・テオハリスは善良に満ち溢れた人間だ。彼女は貧困者の活動「プア・ピープルズ・キャンペーン（Poor People's Campaign）」の共同創設者だ。同団体は今日のアメリカにおいて最も規模の大きな社会正義運動を展開する。彼女とある公開イベントを行った後、私は彼女のこれまでの人生についてもっと詳しく知る機会を得た。彼女は神学校で学んでいた時に、いかに上級生から運動を辞めるように説教をされたかを語ってくれた。神学校の監督者ですら〔このまま活動を続ければ〕彼女は牧師には絶対になれないと警告したという。彼女は現在もプア・ピープルズ・キャンペーンが教会や政党、州機関の権威ある人物たちから、あまり物事を荒立て過ぎないようにと圧力をかけ続けられていることを教えてくれた。そんな時、彼女は不平等との闘いにおいて服従しないこと、そして正義への義務感が重要であるということを彼らに優しく諭すのだという。彼女が米国を横断して繰り広げる大規模集会に向けて出発する際、私はザンビアで開催される活動家の国際集会に参加できるかどうかを尋ねた。「もちろん参加したいのですが、いつパスポートを返してもらえるかわからないのです」と彼女は言った。「以前逮捕された時に取り上げられてしまったのです」。この会話を聞き、私たちが乗っていたタクシーの運転手は怖がっているように見えた。私は「大丈夫ですよ、彼女は悪いことをしてそうなってしまったわけではないんです」と言ってタクシー運転手を安心させようとした。「彼女は教会の牧師さんで、神の御心に沿って行ったんですよ」。運転手は納得した様子では全くなかったが、リズは自分で事情を説明しようとはせず、ただ笑みを浮かべていた。

†体制の維持に貢献する一般市民

服従するのをやめるのが非常に難しいのは、服従することが家庭や学校、職場、多くの社会環境の中で、私たちの中に植え付けられているからである。権力を持っている者が物事を最もよく知っており、彼らがもとから権威の代表者であるという考えは、これらの場所を通して身に付くのである。私たちは権力に近づきたい、尊敬されたいと思い、彼らと同じような振る舞いをしようとするのだ。私たちは人々に好印象を持たれる者のようになる努力をしているのである。反対に、このように丁重に敬意を払わないと「傲慢」というラベルを貼られ、失礼あるいは反社会的な人間とみなされる。「社会とは一部のふさわしい人々がその他の人々よりも丁重にもてなされる場所であるという、歪曲した考えが広まっています」。ザンビア人の音楽家兼活動家のピラトはこのように話し、こう続けた。「そのため、現状の体制を守ろうとしているのは権力者たちだけではなく、多くの一般の人々もその体制の維持に貢献しているのです。そして、社会規範を変えようとするものはアウトローとして扱われるのです」。

†批判を受ける活動家

不正義それ自体よりも、はるかに強い憤りを感じさせることがある。それは不正義に立ち向かう人々の分裂だ。南アフリカの活動家、メシェク・バングラは鉱業会社と闘っている地域コミュニティを支援するために現地に向かっていた。すると、警官に頻繁に（そして不法に）足止めされ、引き返さなければいけなくなった。そのため、こういったことで予定を先延ばしにしないようにすることを学ばなければならなかった。環境活動家は、理論立った議論を妨げる原因は環境活動家が招く混乱のせいだと批判される。労働組合員は、労働環境の改善を妨げているのは労働組合のストライキではないかと批判される。時に活動家は不正義の指摘の仕方だけで批判を受けることもある。権力者は「友好的な助言」を公表し、邪魔者たちに黙るようメッセージを送る。なぜかと言えば、権力者は次のように考えているからである。活動家は問題を悪化させるだけで、彼らが要求するものは辛抱強さと平静さで達成されるものであると。権力者は常に市民社会に対してより礼儀正しく振る舞うようにと言う。しかし、批判という手段を使えなくすることは決してあり得ない。キング牧師は次のように述べている。「端的に言って、私は極度の苦しみにあったことのない人々の考えにあるような「時宜を得た」形の直接行動運動に参加したことは一度もありません。〔完璧なタイミングが来るまで〕「待て！」という言葉が持つ実際の意味は「諦めろ」ということです。この意味で、私たちは厄介者になる準備をしなければならないのです」。

†偉人はみなトラブルメーカーだった

服従するのをやめるのに役に立つ方法がある。それは、現在歴史で社会進歩をもたらしたとされる偉人たちはみな過去に忌み嫌われる集団だったことを思い返してみることだ。「なぜブラック・ライブズ・マター運動はもっとキング牧師の運動のようにできないのですか」、あるいは「なぜ最近の女性のデモ参加者はもっとサフラジェットのようにならないのでしょうか」。私はこのような質問を受けることがある。そんな時私は次のように答える。過去の偉人はみな現代においては当たり前のことをした人物として捉えられているが、その当時は社会規範に従わない、権力者を恐れさせる存在だったのだと。例えば、奴隷制の廃止や公民権の確立、女性の参政権の制度化などを讃える目的で、近年アメリカ紙幣のデザインに選ばれた歴史的偉人を思い浮かべてほしい。ハリエット・タブマン、スーザン・B・アンソニー、ソジャーナ・トゥルース、アリス・ポール、マーティン・ルーサー・キング。これらの人物は皆、時の権力体制に反対しただけでなく体制を潰そうとした人々であり、全員が活動家でありトラブルメーカーだったのだ。

既存の権力体制は、現在は反乱分子とみなされている活動家を讃えるために、いずれ切手を作ったり休日を設定するかもしれない。今日の権力体制が昔の活動家の功績を称賛するように。その活動家の功績とは、過去の権力体制が阻止しようと必死になり、それに失敗したために認められたものなのだ（実際に、現アメリカ政府がハリエット・タブマンの紙幣発行を長い間先送りにしたことについて、何か一筋の光を見つけようとするならば、それは彼女が勇敢にも覇権的権力を打ち負かしたということであろう）。アメリカの活動家、ブリー・ニューサムは次のように指摘する。「一六〇年前に奴隷制度は合法で、普通のものとして受け入れられており、社会の常識でした。奴隷制度反対者は過激とみなされていました。六〇年前、ジム・クロウは法律であり、それが当たり前のものとされていました。そして同法律の反対者は過激と捉えられていたのです」。二〇一五年に白人至上主義者が南カリフォルニアにある黒人の教会で九人の信者を殺害した数週間後、ブリーは同様の革新を起こすための勇気が込み上げてくるのを感じた。ブリーは南カリフォルニア州議会議事堂に行き、約九メートルの旗竿に上り、南部連合国旗を掴み、引きずり下ろした。彼女もまた厄介者扱いされた。しかし、そのすぐ後に、州知事は南部連合国旗を永久に掲げないという法案にサインを行った。

†保身は変化を生み出さない

問題の根本に向き合いそれを取り崩すような方法で立ち向かおうとすれば、それは今日チェンジメーカーとして知られる人々全てがかつて経験したように、自ら進んで不遇の時を過ごす心構えが必要になる。グローバル市民社会ネットワーク「シビカス（Civicus）」代表のダニー・スリスカンダラジャは次のように話してくれた。「もしリスクを冒すことで短期的に自分の評判が悪化するのが嫌で、それを受け入れることができないのであれば、あなたは大きな変化を生み出すことはできないでしょう」。そして、それは重大なリスクを引き起こすのだ。問題に関わらずそれを避ける方がはるかに簡単に見えるかもしれないが、「アフリカン・フェミニスト・ネットワーク（African feminist network：Femnet）」のディナ・ムシンダルウェゾは私にこう話した。「苦労することには気が進まない、それは勇気の欠如とも言えますが、運動の形成を最も後退させてしまうものなのです」。

ザンビア人音楽家兼活動家のピラトはこのように話す。「もちろん誰だって怖いと思うでしょう、私だってそうです。しかし、私にはもっと恐れるものがあり、それが私に勇気を与えてくれます。刑務所に入れられるのは怖いですが、この国が刑務所に入ってしまうことの方がもっと怖いのです。人は静かに過ごしたいと思うでしょう。でも、私たちが黙っていることで一部の人々に力を与えてしまいます。そうすると、その一部の人々は私たちに対して望むことが何でもできるようになってしまうのです。黙っていることがこのような状況を作るきっかけとなってしまいます。だから私は声を上げなければいけないと思うのです。そうすることで、私たちは必要であれば行使する力を備えていることを権力者たちに忘れさせないことができるのです」。

世界は変えられる

これは理由なき反抗ではない。外側からだけでなく内側から行動する価値があるということである。私はこれまでの経験を通して、NGOは小さな変化を生み出し積み上げていくことができるという、その存在価値をまのあたりにしてきた。例えば、NGOは現地政府が必要な責務を果たすために、データやこれまでの経験を共有し支援を行ったり、あるいは政策決定者と政策の影響を受けると考えられる人々の橋渡しをすることで手助けを行う。数年前にタンザニアのザンジバル島で政府関係者と面会した際、彼らは私のNGOの仲間が現地の学校で児童婚を防ぐ手助けをするのは政府の戦略にとって極めて重要なサポートになっていると話してくれた。しかし、不正義に対処することは権力を持つ人々の役に立つアドバイザーになることだけに限られたわけではない。私はタンザニア本土でスウェーデン企業によって土地と住まいが収奪されるという危機に直面していた人々とも面会した。私たちはそのコミュニティの支援を求めると、反対意見に見舞われた。そのコミュニティでは論争が燃え上がった。私たちと同盟関係にあると言っていた数多くの権力者たちですら、私たちの手法が逆効果なのではと疑問を投げかけた。しかしその後まもなく、土地収奪の重要な資金提供者が撤退し、問題が認識されると計画は保留となった。すると、人々の懸念の声が周りに届き始め、コミュニティのメンバーの不安は解消された。こうして、その土地の市民として再び自分たちの農業を支えるための長期的な構造計画を練りはじめたのである。

同様に、私は世界中で様々な組織と活動を共にしてきた。その中には、正当な割合の税金を支払わない企業に対抗する組織もあった。このような企業の存在により税制が崩壊し、医療や福祉に必要な財源が拠出できなくなるという状況に陥っていたのである。私たちやその他の人々がこのことを問題視し始めた時、私たちは厄介な集団の一つとしてみなされていた。しかし、現在では国際機関が同問題を最も解決優先順位が高いものとして位置づけ、主要企業は平等な税金納付を求める声に賛同するようになった。

†嫌われない運動は運動ではない

しかしながら、最近では多くのNGOは体制側と馴れ合い関係になってしまった。NGOは活動家を警戒し過ぎるようになり、そしてあまりに権力側から敬われるようになった。NGOは開発「供与」のためのプロジェクトに特化し、自分たちの役割を限定するようになった。NGOがもたらし得る最大の影響は、彼らが供給する支援物資の数や、提供するトレーニングの数ではなく、助けを求める人々が権利を主張できるように支援することだというのに。同様に、あまりに多くのNGOアドボカシーが「中立」であることや「脅威的」にならないようにつとめる傾向が見られ、根本的な問題から遠ざかってしまった。「非政府組織」という用語は、NGOは「政府」ではないということを思い出させるものでなければならない。「覚えておくんだ」、NGOの同僚がよく仲間内で胸に留めておこうと、こう話していた。「私たちは彼らのために活動しているのではない」。NGOは「つながり」の誘惑を断たなければならない、まさに〔映画『ロード・オブ・ザ・リング』の〕フロドが指輪の誘惑を払い除けなければいけなかったように。もしあなたがNGOで働いていて、政府や企業、その他の権力者があなたに怒っているという話を一度も聞いたことがないのであれば、あなたは自分自身に怒りを覚えなければいけない。「タックス・ジャスティス・ネットワーク（Tax Justice Network）」のアレックス・コブハムは次のように私に話してくれた。「もし私たちが現実的でないと批判されたり、あまりに大胆過ぎると非難されたりしないのであれば、私たちのやり方は間違っていると言えるでしょう。もし居心地が悪いと感じないようであれば、そのことに私たちは居心地悪く感じるべきです。確かな事実は、チェンジメーカーはいつも恐れられる存在ということです。もしあなたがこれまで恐れられたことがないのであれば、それはあなたがチェンジメーカーではないということです」。牡蠣の中の砂つぶが真珠になるのだ。

†挑戦は常に必要だ

服従するのをやめることは今日のエリートに対抗するための効果的な運動を形成するた

めだけでなく、運動の内部においても重要な役割を果たす。権力の再分配や挑戦と説明責任の支援を目指す組織はそれをモデル化する必要がある。この失敗が、社会運動に共通してみられる戦略の欠陥と言える。例えば、南アフリカでANC規則が経済の不平等を削減することができなかった主な原因を考えてみよう。様々な反アパルトヘイト運動は、運動の指導者が政府で要職に就くようになると、その指導者にあまりに従順になってしまったのだ。市民社会や労働組合の指導者は大臣や官僚として政府に招き入れられ、彼らはそれ以外の残された人々に助言を与えるようになり、下からの圧力の必要性がなくなってしまったのである。このような状況は改善を停滞させた。皆お行儀よくするようになり、政府内にいる自分たちの同志の妨げをしないようになった。結果として、市民社会の多くが権力に立ち向かわなくなり、権力のトリクル・ダウンが経済のトリクル・ダウンに繋がっていった。南アフリカのアパルトヘイト廃止後に最も成功を収める「フィーズ・マスト・フォール（Fees Must Fall）」や「トリートメント・アクション・キャンペーン（Treatment Action Campaign）」などのような賞賛に値する活動は著しく減ってしまった。このように、挑戦は常に必要とされるのである。

†不平等は一人の偉人が解決するのではない

私たちは英雄の概念を変えなければいけない。それはたとえ自分たちの陣営にいる人であってもだ。「私たちはキング牧師の認識と彼を哲学者として祭り上げることにとんでもない時間を費やしてしまいました」。活動家のクリストファー・ラトレッジは簡潔に説明してくれた。「そして、参加型で開放的な仕組みと組織を作ることに時間を全くかけてきませんでした」。「指導者は誤った方向に行く可能性があります。そのため、参加型の統治管理機構を設立しなければ、階層的な組織システム内で権力を行使できるという誘惑はあまりに強大なため、いとも簡単に不正に利用されてしまいます。この事実は、あと何回歴史が証明すれば理解されるものなのでしょうか」。たとえ不平等と闘うことを心から誓った指導者ですら、問題に直面する。実際、指導者は不平等の是正を願っているのであろう。もし彼らがその意志を失いつつある場合は、それは危険信号が灯っている状態だ。ある活動家の友人はこう教えてくれた。「英雄とは死なない限りは周囲を落胆させる存在であることが多い」。不平等は一人の偉大な人物が解決できるものではない。不平等は人々が協力しあって初めて解決できるものだ。そして人々がリーダーシップにあふれ、透明性が確保された中で実現すると言える。それはつまり、誰かに服従するのではなく、周囲との関係を築いていくということだ。

†運動の連鎖

「ファイト・フォー・15（Fight for 15）」運動は服従するのをやめることに成功した好例だ。一五ドルの最低賃金は現在アメリカで広く受け入れられている。政治討論において語られるテーマであるし、複数の主要企業はこの最低賃金遵守を誓っており、市や州の法律にも基準が取り入れられ、また二大政党のどちらの支持者も賛同し、ほぼ全ての国民から受け入れられている。だからこそ、最低賃金一五ドルの運動が始まった際にその考え方が人々にどう受け止められたのか思い返すことが重要だ。活動家がはじめて一五ドル最低賃金案を議題に掲げた時、オバマ政権下のホワイトハウスで理解ある人々は皆、即座に撤回するように求めた。労働者のために活動する組織の多くもまた、この考えは非現実的であるとみなした。「私たちには支援してくれる大物政治家はいませんでした。民主党議員の意向には忠実になり、波風を立てないという労働組合のしきたりがあったのです」。組合活動家のデビッド・ロルフは過去を振り返ってこう述べた。「私たちは文字通り笑われ者で、異常者と見られていました」。幸いなことに、ファイト・フォー・15の活動家はそんな社会の目は気にも留めず活動を貫いた。

もう一つ幸いなことに、ファイト・フォー・15運動は人々に服従することを求めず、計画がどのように進められていくのか分からなくても良いと考えていた。それは、運動は直線的に発展するものではなく、また組織中央の計画に応じて進んでいくものではないと認識していたからだ。それが成功の理由なのだ。運動は元々小売り業の労働者から始まったが、そこから発展させるのは一筋縄ではいかなかった。運動はニューヨークのファスト・フード従業員によるストライキから始まった。しかし、ワシントン州の小さな町、スィー・タックの活動家たちがこの運動を再形成した。彼らは企業に対するストライキだけでなく、有権者の大半を航空企業の従業員が占めるこの町では、法律改正を求める投票運動を行うという目標を持つことも可能なのだと教えてくれたのである。これはファイト・フォー・15の当初の計画に全くなかったことだったが、彼らは下からの革新を快く受け入れた。これこそが、地元で運動が成功すると「ある町で変化を生み出せたのだから、あなたにも可能性がある」という説得力のある先例になることを示している。このように、労働者の組織がその他の労働者の組織に自ら行動する刺激を与えることで運動が実る前向きな循環が生まれ、今日まで続く時運が作り出されるのだ。

†活動家が互いに学び合う

エルサルバドルで私は「プラタフォルマ・グローバル（Plataforma Global）」で活動する若い活動家たちと話す機会を得た。プラタフォルマ・グローバルは社会活動家がお互いに学び合うことができるよう結びつける先進的なネットワークだ。彼らは苦労して成功を収めた話や、鉄鋼や水道関連企業の猛烈な商業的野心に対抗するための現在進行中の活動についての話など、数々の印象的なストーリーを共有してくれた。私は、活動を成功させるためにネットワークが最も役に立つと思う点は何か、説明してくれるように彼らに頼んだ。彼らは学び直した経験を次のように表現して答えてくれた。「私たちはこれまで、受け身になり言われたことを受け入れ、恐れ敬うように教えられてきました。しかし、ここでは私たちは教わったこと全てを学び直す取り組みを続けています」。

現場からの報告　不穏な出来事――パキスタンにおける不平等との闘い

彼女たちは主張を行わないように育てられた。しかし、彼女たちは今、懸命に自分たちの声を上げる。パキスタンのラホールの集会には、様々な農村や小さな町から女性の草の根活動家が集まる。参加者はここで過酷な不平等に抗うために何を行ってきたのか、そして政府がコミュニティに対してきちんと責任を果たすようにするために何を働きかけてきたのかについて議論をする。お互いに学び合うために、順番にそれぞれのストーリーを共有するのだ。

私は学校の教員です。私の学校には仕切りの壁がなく、トイレもありませんでした。そこで私は地方政府役人に会いに行き、問題を解決するよう訴えました。その役人は予算がないと言いました。私は情報にアクセスする権利法を基にそれが本当か確認すると言いました。すると彼は壁とトイレの設置に向けて動き始めました。

ある男が複数の若い女性を殺害したにもかかわらず、警察は全くその男を逮捕しようとしませんでした。そこで私は、その警官に会いに行き異議を申し立てました。殺人犯の家族は私の兄弟のところへ行き、私が何もしないように圧力をかけました。しかし、私の兄弟は私を支援してくれました。私は堂々としていました。そして六日後、警察官はその殺人犯を逮捕しました。

私は村の女性がIDカードを手に入れられるように活動を始めました。私たちがそのカードを手に入れられないのは、私たちの婚姻関係がヒンドゥー教の制度の中で認識されていないためでした。一般のヒンドゥー教徒として存在することすら難しい中、低カーストのヒンドゥー教徒であるとなおさら難しくなります。私たちはアンタッチャブル(不可触民)と呼ばれています。しかし、私は人が言うことなど気にしません。私は恐れません。

これは正しい行いです。もし体制側が私たちは弱く、純朴であると思えば、彼らは私たちを無視します。しかし、もし彼らが私たちは自分たちの権利を理解していると知れば、私たちは強く、そして彼らは行動を起こします。

私の村の一角では、とても貧しい世帯が集まり長年に渡って農業を営んでいました。しかし、政府はその土地を売却しようとしていました。私たちは反対運動を組織し、地元メディアが取材にやってきました。その土地の住人たちは嘆き悲しんでいました。私は政府役人に会いに行き、土地を売らないように訴えました。彼は理由を尋ねました。私は政府役人は公務員であること、公務員の給与は売り払おうとしている土地の住人を含めた人々の税金から支払われていることを説明しました。彼は笑い、「その貧しい住人は税金を払ってない、彼らはあまりに貧しすぎる」と言いました。私は彼らが何かモノを買うたびに税金を支払っており、マッチを買う時ですら、彼らは税金を支払っていることを説明しました。その役人は自分が土地の売却を止めたくても、できないのだと話しました。しかし、私は規則を知っており、私は彼が売却を遅らせられるということ、そして住人が土地をこれまでのように利用できるように上層部に意見書を提出できるということを説明しました。私たちは共に外に出て、その役人はメディアに対して土地の売却は延期されると伝えたのです。その土地の住人は今でも同じ場所で暮らしています。

封建的な土地所有から医療や教育に行き届かない投資、富裕層の納税回避、その土地特有の女性に対する暴力、そして紛争・戦争など、パキスタンにおける間違った出来事はこれまで十分過ぎるほど指摘されてきた。しかしながら、それらはパキスタンに関する唯一の物語ではない。

「私たちはこのような小さな小さな変化を生み出しています」。ある女性が話をしてくれた。彼らは一つのまとまりを持っているわけではなく、異なる言語を話し、異なる宗教を信じ、異なる社会的バックグラウンドを持っている。「この方をご覧になって下さい」、話してくれた彼女の友人の一人が、その女性の手を握って言った。「彼女は地主の娘でその他の貧しい者とは違います。でも今は、彼女は私たちの一員なのです」。こう話してくれた女性は笑った。「私たちは強くなっています。それは私たちが学び続け、お互いに支え合っているからです」。

一八世紀の偉大なイギリス人反奴隷制度活動家、ウィリアム・ウィルバーフォースはかつて、多くの人々が達成できないと思っている目的のために、なぜ闘い続けることができるのか尋ねられたことがあった。彼は「私たちはある事柄を不可能と決めつけるにはあまりに経験がなさすぎる」と答え、「だから私たちはとにかく闘うんだ」と締めくくった。

共に力を作り上げる

不平等を是正するためにはまず勇気が必要になるが、それだけでは足りない。不正義は占有のシステムであり、私たちが十分な強さを携えて初めて打ち壊すことができるものだ。そのため、不平等と闘うために二つ目に必要なことは、共に強さを築くことだ。

組織化は方法に過ぎない。最近、ある興味深い報告書は、一国内の労働団体が弱いほどその国で不平等は悪化するということを例証した。私がこれを興味深いと言ったのは、その報告書はIMFによって作成されたものだったからである。報告書のデータは明瞭で反証できないものである。しかし、どんな研究報告書よりも、ビリー・ブラッグの歌「パワー・イン・ザ・ユニオン」の方が状況を上手く言い当てている。「労働組合を作れない労働者を誰が守るって言うんだ?」。強さを共に築くには、行動が必要だ。それは方法論ではあるが、ただ単に哲学というわけではない。「意思を固めた後に技術を習得する必要がありますが」、キンギアン〔キング牧師の哲学を引き継ぐ〕活動家チャールズ・アルフィンは言った、「あなたたちは批判的精神を持つ大衆を組織する必要があるのです」。

#MeTooの創設者タラナ・バークは私に力説してくれた。「運動はハッシュタグではなく、つまり人が何かを言うだけのものではありません。運動は時間がかかり、組織する必要があり、育成していかなければならず、また熟慮が必要になるし、路上に立ち、コミュニティに根を張らなければならないものなのです」。ジェイ・ナイドゥーは、不平等是正に取り組む人が学び直していることについて話してくれた。「力は草の根活動から作り上げられるもので、私たちは現場に戻り、村から村、道から道へと組織を作ることに立ち戻っています。未来はそうして立ち上がった組織にかかっているのです」。

†闘いで成功を収めた後も団結している必要がある

これはデモ行進だけの話ではない。デモ行進は動員の一部であり、動員は組織化の一部でしかない。組織化は全体のプロセスを指しており、組織化に関わる成果の瞬間の連続とも言える。それは人が共に集団を結成することであり、それにより人は強くなり行動をとることができるようになる。そして無視や抑圧、搾取できない存在となるのである。それは団結の力によるものだ。不平等との闘いで成功を収めた時、これまでの進展がひっくりかえされないように、人々はその後も団結している必要がある。

組織化は常にリーダーシップを育み、変化を生み出す環境を引き出してくれる。メキシコ人のコミュニティー活動家パオラ・パイロは、グアダラハラのインフォーマル住宅地域の路地に私を連れて行き状況を説明してくれた。

グループを作るということは、私たちが不平等に対抗することができるようになるということです。グループを組織することで、必要なサービスが受けられない状況は正しくない、つまり暴力におびえながら生きることが自然であると受け入れる必要はない、という信念に自信を持つことができるのです。私たちは自分たちが異常者ではないと認識しており、自分たちが諸権利を持っていることも知っており、自分たちを抑えようとする者に対抗することができるとわかっています。なぜなら、私たちはお互いに支え合う集団だからです。私たちはこのことを座学ではなく、行動により、またはその環境に身を置くことにより学ぶのです。私たちは全身を使って考え、共に路上を歩き、共に座り達成したい項目を練ることで、学ぶことができるのです。

その形態は様々かもしれないが、重要なのはグループのまとまりが、集団による力と能力を引き出すということである。マーシャル・ガンツが私に説明してくれたように、地域を土台とした組織化は、マクロの変化をもたらすために不可欠なミクロの変化なのだ。不平等という大きな社会的問題、そして私たち一人ひとりが日々の生活の中で不平等にどう向き合うかという個人的なストーリー、これらは同じコインの裏表のものである。私はこのことを出会った草の根活動家たちから学ぶことができた。中央アメリカで女性への暴力を防ぐために組織を作る人々、カンボジアで土地収奪に対抗する活動家たち、ザンビアで多国籍企業に対して正当な額の納税を訴える活動家たち、生活の基盤となる河川を汚染する企業を糾弾するオーストラリア先住民コミュニティが、それを教えてくれたのだ。

†団結が生み出す力

私は、デリーのゴミ拾いで生計を立てる人々のスラムで、優れた女性のグループと少女のリーダーたちの話を聞いた。彼女たちは団結することで力を持つことを実感していた。

「私たちはとても内気でした。外には出かけなかったし、こんな風に話したりもしませんでした。でもある時一人が、また一人が、そしてもう一人が、というように次々に参加してくれるようになりました。学校教育は私たちの権利です、全ての人にとっての権利です。でも私たちの地域には学校がありませんでした。私たちは学校設立の運動を開始し、次に学費無料、その次に必要な教員数の確保、そのまた次に机と椅子を求めました。私たちの要求は実現したのです。現在私たちは保健室の設置を求める運動をしています。私たちはかつて政府役人を恐れていましたが、今や彼らが私たちを恐れているのです！」。

パリの気候変動会議で、私は前フィリピン外交官のイェブ・サニョと久しぶりに会話を交わすことができた。以前、彼は気候変動会議で気候変動の影響を受けている人々のための行動を要求した。彼は外交的な方法ではなく目に涙を浮かべながら直接的に訴えかけた。その様子を映した動画が世界中で非常に大きな反響を呼んだ。イェブは、訴えかける彼の姿を脅威とみなしたアメリカに圧力をかけられ、外交官の職を解かれた。しかし、政府関係者の立場からそれとは関係の無い外部の人間となったことにより、彼ははるかに脅威となったのだ。彼はローマからパリまでを巡礼の一環として六〇日かけて歩いた。「疲れているようには見えないですね」と私は言った。「人間は歩くように作られていますからね」。

彼は楽しげに答えた。「あなたはパリ会談を楽観的に見ていますか？」。私は尋ねた。「いいえ」。「それでは、なんで今まで見たこともないほど幸せそうな顔をしているんですか？」。「運動は成長を見せていますからね」。かつてないほどの人々が平和的に、そして積極的に路上に出てデモ行進に参加していた。パリでも同様であった。宗教団体が一つに団結し、気候変動と不平等の問題に立ち向かうために呼びかけを行った。彼らは一七八万五二八人の嘆願書を共に集めた。どの署名も注意深く記録されたものである。ここで重要なことは、彼らはそれを共に行ったということだ。気候変動でもっとも影響を受けた人々は、組織化し、声を上げ、それを皆に聞かせた。公式な交渉過程に関係者として携わり、それがどのようなものかを見てきたイェブは、気候変動は人々の力を通してのみ解決できると知っていた。彼には先見の明があった。それ以来、学校がストライキを起こし、気候変動のデモ行進が新しい世代の活動家を巻き込み、数百万人を動員し、人々の団結の用意が出来ていることを証明した。

†近道はない

組織化は困難で、時間を浪費し、仕事の保証はない。エルサルバドル人の農家、マリオ・ラミレス・カーニャスは権力を持つ地主や役人から数々の圧力を受ける中で、コミュニティが農家協同組合を作っていった様子を、鮮烈な表現を使って説明してくれた。「私たちは鮭のようなものだ、上流まで泳ぎきる！」。組織化に関する名著の一つに『近道はない』というタイトルの本がある。挑戦することについてひと言で要約する場合、これほど適切な表現はないだろう。私はアメリカ中西部の労働者の団体と話をした。彼らは多岐にわたる仕事でいかに疲労困憊し、時に一人で「二人分の仕事」をこなさなければならず、それでも生活費を稼ぐことはできなかったという経験を語ってくれた。このような状況についてどう対処したのか、メンバーの一人が話してくれた。「責任者たちは労働組合の結成を嫌がっていましたが、もし私たち皆がまとまれば、それは可能だったでしょう。しかし私たちはそれができなかったのです」。私がなぜ労働組合としてまとまることができなかったのかを尋ねると、あるメンバーは「労働組合は私たちのために何もしない、彼らは組合として存在するだけだ」（労働団体組合員はこれを「組合の第三機関化」と呼ぶ）と話した。また他のメンバーは「組合は禁止されている」と言った。アメリカ人労働者は公式な労働組合を組織する権利を得てから八〇年も経っているにもかかわらずだ！

†一体感を持つことの重要性

グループになるためには、グループなのだという感覚が必要で、自身がグループの一部と感じる必要がある。社会科学者のアリス・エヴァンスは名著『不平等の政治化――アイデアの持つ力』の中で次のように述べている。

もしも不利な状態に置かれているグループ同士が一体感を持てない場合、自己認識が不平等を恒常化させているかもしれない。自分たちの最も優れた資産(人の多さという強み)を十分に利用せずに、周辺に追いやられたグループはエリートパトロンとの上下関係に頼り彼らの指導に従うかもしれない。もしも国内労働者が相互に交流しなければ、連帯を発展させることはできないかもしれない。同様に、ボリビアでは一九八〇年代以前、低地と高地地域の民族グループは、「先住民」として自身を認識していなかった。彼らは自分たちを同類の者と捉えていなかったのである。

組織化は難しいけれど、不可能ではない。不平等の危機は社会活動の復活を促してきた。

社会活動は過去の活動と共鳴し合い、そこから学ぶだけでなく、過去の活動を基に新しく作られ、多くの場合若者によって率いられてきた。彼らは、不平等な権力関係に向き合う抑圧された人々による政治的空間を主張することで、何が可能なのかを示してくれている。そして、硬直した歴史的、社会的不平等に直面した時でさえ、皆が重要な存在とされる社会に向けて取り組むために、何ができるのかを示してくれているのだ。

私たちは何が可能なのか、不平等との闘いにおける進展とはどういったものかを見てきた。ウガンダにおける農業資材への税金に対する一〇〇万人の農民運動、ザンビアのパンにかけられた消費税の撤廃、カンボジアで不法入手された土地の返却、アフリカにおける初等教育の拡大、ヨーロッパにおける緊縮財政への対抗、アメリカにおけるブラック・ライブズ・マター運動によって復活した人種間平等を求める行動主義、途上国における気候変動の取引の一環で被った被害と損失への補償の主張、ナイジェリア、セネガル、南アフリカにおける最低賃金の値上げを確実にした労働組合の組織化。反奴隷制や反植民地主義、女性投票権、反アパルトヘイト、債務帳消しなどに関する過去の運動に感化され、今日、意を決した人々は、エリートから権力を削ぎ取る集団の力を構築している。

†ギグワーカーでも組織を作れる

人々はインフォーマルセクター〔統計に載らない経済活動〕では組織できないという主張が時折聞かれる。しかし、産業革命期、港湾労働者は元々出来高払いの労働者であったし、昨今ではインフォーマルセクターの組織化が再び進んでいる。例えば西アフリカからインドに至るまで様々な成功例があり、こうして労働組合主義の歴史が更新され、その他の社会運動と共に働き学んできたこととも相まって進化を見せているのだ。「テクノロジーは特定の職業を不可避的に組織化できなくするという主張も時々聞かれる。ウーバーやリフト、デリバルーの運転手によるストライキの組織化成功は、そうした主張がフィクションであることを証明している。フィクションは労働者の力を弱めるために作られたものなのだ。「サービス・エンプロイーズ・インターナショナル・ユニオン（Service Employees International Union：ＳＥＩＵ）」のアリソン・ハーシュは清掃員や個人警備員、食品配達員の組織化を支援した際に学んだことを教えてくれた。「仕事として分類されず、アプリケーションプログラムもない、だからある職種では労働組合を作れないと考える人がいます。どんな仕事であっても良い労働組合はできます、ただ作りさえすれば良いのです」。

†変革には組織同士の連帯が必要

　不平等との闘いはある特定の闘いから始まるが、そこで終わるわけではない。これはある意味で数の多さが重要だということだ。キンギアン活動家、チャールズ・アルフィンは次の言葉を好んで使っていた。「リーダーシップはリーダーたちがそれぞれのシップ（ship）を率いて、共に海原に出るという意味なのだ！」。それはまた、それぞれのグループが持ち寄ることで生まれる力にも関係している。難しいのは、どんな組合組織も、セクターごとの組合組織の集まりも、自分たちだけでは闘いに勝つことはできないという点だ。包括的な社会の発展はどこか一つの組織によって成し遂げられるものではない。変革を実現するための環境を創出するには、広くそして深く根付いた組織同士の連帯が必要になる。エマド・エマムは北アフリカにおける組織形成に携わった経験を振り返り、私に話してくれた。彼女は「活気に満ちていてもまとまりのない運動」がいかにエリートが支配する経済と社会に挑戦するための強さに欠けるかを強調した。「分散化は私たちを脆弱なものにします」。

　グループが集まることでそれぞれ異なる試練を抱えながらも、重要な地盤や多様性がもたらされる。しかし、活動の方向性を分裂させてはならず、それぞれが集団の行動の一部となっている必要がある。それにより、人々が少人数の手の内に権力と富が継続的に集中することに反対しているというメッセージを権力者に示すことができるのである。ティア・リーは私に次のように説明してくれた。「重要なことの一つは、広範に及ぶ連帯を築くことです。それにより、お互いにグループ同士が争うようなことを避けることができるのです。もし労働者が、女性が、肌の色が異なる人々が、移民の権利を主張する活動家がバラバラならば、私たちはおそらくこの闘いに勝利を収めることはできないでしょう。でも、もし私たちが一丸となり、これら全ての組織に共通の土台を見つけることができたなら、連帯を構築するかすかな見込みを得られます。その連帯は政治的対抗力を築き、草の根活動の力を発展させ、やがて本当に変化を生みだすのです」。だからこそ、労働組合は連携を強化することがとても重要になる。連携を強化することで、自分たちの仕事では労働組合を組織できないと考えていた失業者やインフォーマルセクターの労働者が組織を作れるよう支援することができるのだ。また、自分たちを「労働者」として見ていなかったであろう専門家たちに対しても組織を作るのを支援することができるのである。

†分裂した人々は必ず負ける

活動家が使う古いスローガンに「団結した人々は決して負けることはない」というものがある。実際には、団結した人々は時折負けることがある。しかし、分裂した人々は必ず負けるのだ。不平等と闘うための組織化の仕事は、ある特定の野心的な目的に挑戦することである。それは、尋常ではない権力を持つエリートへの挑戦だ。異なる問題と関わろうとしない、異なる組織とつながろうとしない、このような組織のアプローチでは、勝つことはできない。アクション・エイドのアドリアーノ・カンポリナは次のように振り返る。「権力を打倒するどのような瞬間であれ、共に取り組んだから達成できたのです。NGOや労働組合、社会活動が、団結したのです」。ウィリアム・バーバー牧師はこのような活動を「融合の連帯」と呼ぶ。なぜなら活動の力は多くの異なるグループの団結から作られるものだからである。

不平等に対する効果的な連帯は包括的である必要がある。ラケッシュ・ラジャニは、「「自分たち自身」と、それを超えた組織化が必要で、自分たちの核となる基盤を超え、多くの人々に納得がいく理想を語りかけることで、最終的に勝利できる連帯を発展させられる」と述べた。経済学者のアンディ・サムナーは革新的な変化が中間層と貧困層をつなげ、エリートに対して共に対抗することがあると指摘した。そして、彼が表現するところの「触媒する層」の重要性を説明してくれた。この層は都市部に生活の基盤を置き、教育の機会にも恵まれているが、一％の富裕層が持つ富と権力の集中からは取り残されている状態にある。彼らは私たち側に属しているのだ。同様に、ニコラス・コロフは、変化をもたらす上で信仰のコミュニティの重要性を説明してくれた。そして「人々が集う教会やモスクといった場所と社会的変化を起こす世俗的な世界の一部との間に断絶がある」ことを指摘した。

†広範な連帯の力

この規模の連帯まで成長させるには、自尊心と固定概念を葬り去る必要がある。団結の力を築くということは、群れることに積極的であるということだ。組織がある課題に取り組まない時に使う最も使い古された理由の一つは「他がもうやってるから」というものだ。しかし、この理由は共にその課題に取り組み解決していくために使うこともできる。ディナ・ムミンダルウェゾは次のように述べた。「私たちは共有するよりもむしろ自分たちの組織に集中しがちです。多くのグループが「それは私たちには関係ないことだ」と言ってしまうようでは、広範の連帯を築くことはできません」。

問題と運動とを共通の基盤の上で結び付ける必要がある。その基盤上で分野を超えて互いにつながるのだ。女性の権利、労働、公的サービス、税、土地、気候変動などの問題をつなげる大きな議題が必要になり、連帯はこれらを全て内包するほど大きく、そしてこれらの問題を解決できるほどに強くなければいけない。このような場合、リーダーは「指揮者」になるのではなくどちらかと言えば、ジャズやジャムセッションなどのように演奏者たちが一体になれるように手助けをする。変化を奏でる「演奏者」は「指揮者」を待っているわけではないのだ。

「歴史を勉強すると」、プア・ピープルズ・キャンペーンの共同代表、リズ・テオハリスは話してくれた。「深い不平等が存在する場合、それは不平等で最も影響を受ける人々が先頭に立って行動を起こす時だとわかります。その行動は、一つの計画、一つのプログラム、一つの政策を推進するのではなく、一つの運動を率いていく形で展開するのです。これこそが不平等から抜け出す方法なのです。つまり、最も重要なことは不平等の枝葉に囚われずに、その根を絶やすことに向かって運動が発展していくことです」。

†亀裂を乗り越える

もしも勝利できる連帯を作るならば、グループ間の壁は解消しなければいけない。ナイロビのウサワ（「平等」）・フェスティバルは地方と都市、若者と年寄り、全てのコミュニティ、共通の祝祭、共通の計画プロセスについて最善の配慮を行う。なぜなら、障壁を取り除き、コミュニティを形成することで、変化をもたらすために必要となる結束を作ることができるからである。労働組合と社会運動の境界線もまた、どちらも活動が最盛期を迎えた場合にはなくなる。南アフリカで鉱業に対抗するコミュニティの運動「ＭＡＣＵＡ」は炭鉱夫と信頼関係を形成した。そして、労働者とコミュニティの両方を弱体化させてしまうような両者間の亀裂を乗り越えてきた。こうして、長い間労働者やコミュニティに対して責任ある行動を取らず、軽視してきた鉱業会社に挑戦するための集団圧力を形成したのである。またエルサルバドルにおける水道民営化に対する運動も成果を生み出している。その成功は広範囲にわたる社会活動や組織、学者、住民グループ、教会がまとまることができたからだ。狭い範囲での連帯では勝つためには不十分だっただろう、とリーダーは私に経験を語ってくれた。

†NGOだけで世界が変わるわけではない

もちろん、NGOは重要な変化をもたらすことができる。しかし、社会における歴史的な大転換を回顧してみよう。いかにしてアパルトヘイトが追いやられ、いかにしてLGBTの人々が基本的権利を確立し、いかにして億万長者から借りたお金が取り消され、いかにして女性が投票権を獲得し、いかにして植民地が独立を達成し、いかにして合法であった奴隷制度が廃止されたのであろうか。私たちは一つのNGOを取り上げて、「彼らがやったんだ」と言うことは決してできない。皆が広範の運動に参加し、下から力を作り上げていき、横の団結が築かれたのだ。「あまりに多くの巨大化した組織が社会との接点を失い、組織化を支援する能力を失ってしまいました。こうして、これらの組織は公式機関に寄せられる大衆の懐疑の犠牲となってしまったのです」。ブラジル人活動家ペドロ・テリスはこのように話した。また、ある活動家は次のような話を私にしてくれた。「私たち草の根のグループは、より巨大な組織によってどのように変化を引き起こすのかを理解していないように思われることが頻繁にあります。実際は、流暢な英語でどのように文章として仕上げるのかがわからないだけなのです。私たちはいかに変化がもたらされるか、とてもよくわかっています」。著名な呼びかけ人や活動家のエリート集団は不平等との闘いに勝利することはできないのである。

重要な変化はアマチュアによってもたらされる

社会正義に関連する仕事の中で、私はこの事実を早い段階で認識していた。しかし、次第に視界から遠ざけるようにしたため、後になって学び直さなければいけなくなった。イギリスを離れ、私は南アフリカの黒人が多数を占める地域でただ一人の白人として暮らした。アパルトヘイトが廃止されて間も無いこの地で、私は教師として、またANC活動家として日々を過ごした。私は友人から次のことを学んだ。それは、強い意志と痛みを伴う奮闘を通じて、どのように最も残酷な排斥が乗り越えられたのかということと、いまだに直面している諸問題についてだ。また、大衆運動がどのように本物の変化の原動力になるのかということについてである。私は同様のことをインド、オランダ、イギリスなど各国のコミュニティと共に草の根活動を行った際に経験した。しかし、後に国際NGOで専門的なキャリアを積むようになると、私は組織の悪い癖も良い癖も気が付くようになり、個々のNGOはアドボカシーやキャンペーンを通して革新的な変化をもたらすことができる、という考えを改めなければならなかった。社会運動と比較した際のＮＧＯの力、自身の特権、専門家という肩書きによる傲慢さが、私を盲目にした。最も重要な変化は専門家たちではなくアマチュアによってもたらされるのだ。誰も他の人に救ってもらったことなどなく、自分たちで協力して自らを救ったのだ。ナイロビのキベラ貧困街出身で、自分たちの家が取り壊されるのを阻止した経験のある友人は、私がそれをどのように実現したのかと尋ねるとこう答えた。「私たちには他に帰る家などなかった」。組織化を行う人間は、変化をもたらすことができる人間だ。一般の人々が偉業を成し遂げ、捨てられ、周辺に追いやられ、無視された者たちが権力者たちに挑戦しているのだ。

†共に取り組む

社会を変革するためには、組織自身が変わる必要がある。それにより力はますます民主的に分配されるようになり、説明責任についてもさらに強化されていく。これは、あらゆる力が存在する中で、金と官僚主義的なものを手放さなければならないということだ。これが最も重要な力、他者と共に世界を変える力を強化する唯一の方法と言える。草の根活動を行ってはいないが、変化を引き起こすための支援の対象を模索している人（例えば、巨大NGOや財団など）は、もし役に立ちたいと思うのであれば謙虚である必要がある。資金や資源、影響力はあるがコミュニティに根差していないという立場にある人の場合は、草の根グループを彼ら主導の形で支援するべきであり、自分たちの指針を押し付けるべきではない。

誰も他の人を「成長」させることなどできない。しかし、私たちはそれぞれの不平等との闘いの中で、お互いに寄り添うことができる。〔オーストラリアの〕先住民の活動家、リラ・ワトソンはこう述べた。「もしあなたが私を助けにここに来たのならば、あなたは時間を無駄にしています。しかし、もしあなたが何かを解放しようと取り組んでいて、それが私と関係しているという理由でここに来たのであれば、共に取り組みましょう」。

革命は一回きりのイベントではない

変化につながる一回限りの簡単な道など存在しない。「あなたはエレベーターを使うことはできません」。コミュニティ・オーガナイザーのチャールズ・アルフィンは述べた。「あなたは階段を使わなければいけないのです」。力を共に形成しようとするプロセスは次のように表される。突然現れたかに見える解決策は、実際には長期に取り組みを積み重ねてきた成果であり、それほど有名ではなく、またそれほどドラマチックでも、ロマンチックでもないことが多い。絶好の機会は訪れるが、準備を行ってきた者だけがそれを摑むことができるのだ。つまり、「成果がでない」ように見えるけれども時間を費やして取り組んできた者だけに機会は訪れるのである。不平等との闘いはまっすぐの道ではない。大きな進歩が起きる瞬間もあるだろうが、厄介な遅れや敗北、逆戻り、絶望もある。マーティン・ルーサー・キングは公民権運動がいかに行動から学んできたかについて述べている。「知的に整理されていない多くの事柄は実践という領域で解決されてきたのです」。

　クミ・ナイドゥーは若い頃の友人で、反アパルトヘイト活動家だった仲間の話を私にしてくれた。その友人は後に治安部隊によって殺害されたが、その勇気はクミの精神によって引き継がれている。ある日、その友人が、クミに正義の闘いのために最も大切なものを喜んで手放すかどうかを尋ねた。「もちろん」。クミは友人の意図を勘違いしてこう言った。「私は、喜んで命を捧げるよ」と続けた。「そうじゃないんだ」。その友人は正した。「私は君に命を捧げるようにお願いしているわけじゃないんだ。私は君に命を捧げることよりももっと大きなことができるか聞きたいんだよ。つまり残りの人生全てを捧げられるかどうかをさ」。

闘いに参加し、そして関わり続ける。これは循環であってそれぞれ限定された個別のステップではない。不平等との闘いは長期にわたることを覚悟する必要がある。たった一つの政策による成功がそれだけで不平等の削減を保証するようなことはない。たとえ不平等が緩和されたとしても、不平等を再び悪化させようとする人々を抑えるために、引き続き警戒が必要となる。オードリー・ロードが述べたように、「革命は一回きりのイベントではない」。

†闘いは長期にわたる

その他に私が学び直さなければならなかったことは、せっかちな衝動である。私は世界を変えたいから活動家になったのだが、同時に自身が極端に活動的であることを認識するようになった。私は「哲学者は世界を分析するが、重要なのは変化を生み出すことだ」という心構えを持って活動をしてきたのだ。そのため、本を読む時間、思い返す時間、この本を執筆する時間を設けることは、私にとってこの種の「行動」を距離をおいて見るきっかけとなった。そして、年配の活動家から変化は長期にわたる仕事だということ、活動が行き詰まった時にはただ単に迅速に対処するというのではなく、熟考、学習し、そして順応することを学んだ。

ＮＧＯのキャンペーンでは「本年は非常に重要な年だ」、もしくは「本会議は極めて重要だ」などの言葉をよく使う。しかし、正義はたった一つの会議や特定の時期によって世にもたらされるわけではない。それは運動が生み出す推進力によってもたらされるのだ。私たちは短期的な視野を超えて、時間をもっと広げて捉え、行動する必要がある。不平等の削減は応急処置や短期のキャンペーンでは実現せず、「世代単位」で時間がかかる闘いなのだ。未来を現在よりも優れた時代にするための方法の一つは、私たちの祖先の教訓から学ぶことだ。私たちは戦術よりも深く物事を掘り下げ、どのように上の世代が困難の時代を乗り越えたのかを問いかける必要がある。奴隷制度や植民地主義と闘った人々について読み直し、バビロン捕囚における人々の希望に関する逸話を読み直そう。古い世界観は、恐怖なしに死の谷を歩いて進む能力が人にあることを証明してくれる。選挙で投票に行き、様々な危機に対してオンラインで支援を行えば物事は良くなっていくという考えが近年見られたが、これは間違っていた。長期にわたって闘うための能力について学び直す必要がある。なぜなら、不平等は構造的なものであるため、闘いは長期になり、運動は瞬間的なものでは終わらないからである。

†我慢強さとタイミングを逃がさない感覚を持つ

不平等との闘いにおける重要な突破口は、危機の後に見出されるかもしれない。しかし、不平等に対抗して行動に出ようとする人々は、そのような瞬間が来るのを「待って」いればいいという意味ではない。ましてや、昨今の新型コロナウイルス危機が大変な惨事をもたらしているように、結果として世界がより平等になるという見込みを持てない状況ではなおさらだ。危機は変化を促すが、危機そのものが変化の本質を決めるわけではない。重要なのは、どう効果的に組織化を行うかである。二〇〇八年の金融危機は進歩的運動を国際的に復活させても「おかしくない」出来事だったのだが、代わりにむしろ極右の台頭と外国人排他政策のメインストリーム化によって特徴付けられることになった。世界は新型コロナウイルスによって激しく揺さぶられてきたが、その影響がさらにやってくることも考えられる。このような状況は、私たちが不平等を解決できるのかわからなくする。だから、私たちはたとえ直近の成果が伴わないとしても組織化を継続することができる我慢強さが必要なのだ。しかし、いつ解決可能な瞬間が訪れるのかがわからないため、今始めなければならないというタイミングを見逃さない緊張感も持ち合わせている必要がある。経済学者リチャード・マーフィーは新型コロナウイルス危機前に、次のような話をしてくれた。

計画と基盤を準備するだけでは十分とは言えず、危機の瞬間を待つ必要があります。しかし同様に、計画と基盤が無い状態で危機の瞬間が訪れても、思うように物事を変化させることはできないのです。重要なのは、危機の瞬間以前にこれらが万全に整っていることであり、危機後にその準備はできないのです。二〇〇八年の金融危機は〔変化が生まれるには〕十分ではありませんでした。それは、エリートの力があまりに強く、そして私たちの準備が十分に整っていなかったためです。

たとえ私たちが良く練られた計画と強力な基盤を持っていたとしても、闘いに勝つことはできないかもしれませんし、勝てるかもしれません。私たちは成功の確率を高めることができるのです。だから、私たちは挑戦する義務があるのです。ひどい暴力や大規模な経済へのダメージ、民主主義の弱体化が起こる前に、私たちは現在いる場所からこうあって欲しいと描く未来に向かって道筋を立てることができるでしょうか？

組織化を行えば、訪れた危機を不平等の是正に利用することができるのである。

†運動はより多くの参加を必要としている

私たちは不平等に立ち向かう運動を「始める」段階にいるわけではない。私たちは闘いに共に勝利するために、運動へのより多くの人々の参加を必要としている段階にいる。組織がそれぞれの分野で閉じこもりながら、不平等の問題を組織ごとにバラバラに掲げるという状況が長い間続いてきた。現在、異なる不平等の問題を扱うグループは共通要素を基に統合を進めている。労働組合や環境活動家、世俗派、信仰派、草の根活動やNGO、南と北が連携し、全てが特定の現地状況や支持基盤に根付きながら、しかし全てが個を超えてつながりあっている。卓越した、革新をもたらし得る組織化は既に進んでいるのだ。この動きを強め、世界を変えることができる。

ナセフ・ジャファァーは彼の父親と同じ漁師で、世界漁師フォーラムの事務局長を務めている。海辺という彼の話を聞くのにふさわしい場所で、私は話を聞かせてもらった。不平等との闘いはコミュニティの連携が不可欠と認識したところから始まったという。この問題意識により彼は全国の漁師とつながる取り組みを開始し、それは世界中の漁師とのつながりに発展し、やがて漁師以外でも同様の問題に直面するグループとつながるようになっていった。団結による力を生み出すために誰もが作れる初めのグループ、つまり最初の「私たち」が始まる場所は地元に根ざしている必要がある。しかし、ここから築き上げていくのである。なぜなら人々は共通点を見つけることができ、そしてこうしたネットワークの連結が、一般の人々がより平等な社会を実現するための力を養うのに、必要となるからである。ジャファーはこのことを大変うまく私に説明してくれた。

私は南アフリカのケープタウン出身で、同地の小規模漁業コミュニティからやってきました。私たちの祖先もここに住んでいました（今は大企業によって引き継がれることになった場所に）。そのため、皆で一緒に協力体制を作り、この闘いに挑戦しているのです。私たちは自分たちが住んでいる地域を失いつつあるという事実を軽く捉えてはいません。私たちは苦労してでもこれに立ち向かわなければならず、出来る限り反対しなければならないのです。私が南アフリカで経験していることは、スリランカ、パキスタン、メキシコ、ベルリンなど、世界中で経験されてきたことだということを学びました。だから、過去数年間にわたって私たちが行っているのは、繋がりを持ち、連帯を形成し、グローバルレベルで共に組織を作ることなのです。

同じように、零細の漁師は海における漁業の権利を失いつつあり、零細農家も同様に農業を行う土地、あるいは共有地として利用されていた土地を失いつつあります。これらは同じ出来事なのです。つまりこれらの場所では共有の空間にアクセスする権利が、その場所で生活の稼ぎを生み出している人々から奪われ、使うことができなくなっているのです。牧畜家も同じで、森とその土地を使って生活費を稼ぐ人々は、全く同じような困難に直面しているのです。つまりそれはただ単に場所が異なるだけで、その原理や本質は同じと言えます。生活のためのパンやバター、収入をもたらす私たちの空間が私有地化され、個人や企業の私的な利益のために売り払われているのです。

私たちは信じられないほどの数の運動を、連帯を、団結を、お互いの理解をまのあたりにしている。そして私たちは数々の世界中に散らばる推進力を一つの運動としてまとめることに取り組んできた。この動きは拡大している。

現場からの報告　チュニスの世界社会フォーラムにおける一％の権力者に対する挑戦

チュニスで市民社会団体が世界社会フォーラムに集まった。団体の参加目的は、不平等に関することから、気候変動、女性の権利、市民活動の場所の保護など多様だ。鉱業会社に対して税金の支払いを求めるアフリカの組織は、アマゾンやスターバックスに対して税金の支払いを求めるヨーロッパの組織とつながる。ラテンアメリカの先住民活動家は南アジアにおけるダリト（不可触民）の尊厳を守るための闘いについて討論する。フォーラムは大規模で、八万人ほどの参加者と推計される。大学の教室やテントでの会議や、路上でのデモや歌、討論やパフォーマンスなど、とても賑やかだ。それぞれ異なる理由や背景があってそれぞれ積極行動をしているのだが、どのグループも昨今活動の進行が押し戻されていると感じている。皆その原因は正義に対する今日最も大きな構造的障害によるものだと認識している。つまり、強大な富と権力の集中が、一％のごくわずかの人間によって握られている、という構造である。

チュニジアにおける革命の根源は、富と権力の極端な偏りにあった。エリートは富を蓄え、数十億ドルの資金を海外に移転する一方で、何百万もの一般的なチュニジア人は経済的に困窮状態のまま取り残されていた。現在チュニジアの人々に自由はあるが、「名だたる」海外の銀行はチュニジア人から盗まれたお金を保持し、旧体制の利権者たちはヨーロッパ諸国やその他の地域で平然と豪華な暮らしをしている。

ムスタファ・ティリリは歴史学の教授で、「チュニジア人権擁護連盟」のメンバーでもある。彼は私にこう話してくれた。「私たちチュニジア人は莫大な資金が盗まれていることを知っていましたが、ただそれがいくらなのかを全く把握していませんでした」。シェルニブ・マンスールはチュニジア人の労働組合員で、緊縮財政政策の影響についてこう表現してくれた。「(緊縮財政は)まるでエボラと言えるでしょう。教育や医療、飲料水へのアクセスの欠如やその格差の原因は緊縮財政にあり、私たちは富裕層に対して負うべき富の拠出を要求しているのです」。

フォーラムへの旅路で、タクシー運転手のアリは私に一般のチュニジア人がいかに日々大変な思いをして生きているか教えてくれた。私は彼にチュニジアに必要なものを聞いた。「全ての若者に仕事が、そして全ての子供に教育が必要です。これはそんな夢物語のような話ではないし、不可能ではないはずです」。私たちがフォーラムの会場を歩き回っていると、NGO職員のリム・カダラウィと出会った。彼女はフランスで育ったが「革命後にチュニジアに戻らなければいけない」と感じた。彼女はチュニジアを覆った変化を感激的だが未完成であると表現した。「私たちは依然として二つのチュニジアに分けられています、私たちはこれを一つにしなければいけません」。

同じ熱意を持ち、フォーラムに集まった国際的な運動家は世界地図をシートの上に描いた。そこに世界中から集まった活動家が権力者たちに挑戦する自国でのキャンペーンについて書き記し、「同じ惑星」に「同じ苦闘」の存在が見えるように仕上がった。

活動家は意見交換を行った。その中では、自分たちの貧困を無くそうとする努力が、税を回避しようとするエリートの力によっていかに遮られたか、あるいは気候変動を無視せず国際的な行動に出るための合意形成の努力が、規制を妨げたい化石燃料を扱う企業の力によっていかに圧力を受けてきたのかといった話が共有された。人々が自分たちの権利を守ろうとする時、非常に抑圧的な反応に直面する。なぜだろうか。それは、現在の力の不平等な状態が意味するのは、企業を監督し市民を守るはずの政府の多くが、代わりに企業を擁護し市民を監督するようになっているからだ。

国際NGOのアクションエイド、グリーンピース、オックスファムは、市民社会活動連合のシビカスやフェミニスト・ネットワークの女性権利向上協会と共に次のような声明を発表した。「私たちが直面する経済的、生態的、人権的危機は相互に関係しており、また深刻化している。これまで〔富裕層にあたる人口の〕一％の影響力は増加してきたが、現在もなお増加し続けている。これは食い止めなければならない」。

一％に対抗するための挑戦がどれほど大変なことかは容易に想像が付くが、希望もある。「東アフリカ税とガバナンスのネットワーク」のラッキスター・ミヤンダジはこう言った。「人々は懸念を募らせ、組織を作り始めており、キャンペーンを開始しています。人々は力を持っているのです」。フリードリヒ・エーベルト財団のフーベルト・シリンガーはこう述べた。「エリートはまさにどれくらい多くの人が変化を求めているのかを見ています。だからこそ、かれらは譲歩案を提示してくるのです。一％は困惑しているのですから、私たちトラブルメーカー次第で彼らをそのような状態に追い込み続けることができると言えます」。

市民社会に対する圧力の話だけではなく、市民社会による現実に成功した話もあり、一％の力に対抗する大衆による支援の波がもたらす自信が築かれてきている。「私たちは大勢で、彼らは一握りでしかない」。フォーラムの開幕時のマーチでは、チュニジアの人々が古い詩を歌った。この歌は同国の国歌となったものだ。「もしある時、ある人が生きたいと願うなら、運命はその願いに応えるだろう。そして、人々を覆う夜はやがて彼方に消えていき、鎖は解かれて落ちていく」。

述べられてきたことが今日の市民社会における精神と言えるものであり、それはフォーラムに限らずあらゆる場で見られる。市民社会のリーダーたちは次のような共同声明を発した。「人間を優先する、より包括的な社会は必要不可欠であるし実現可能だ。もし私たちがそれを実現するために共に力を合わせ、突き進もうとするのであれば」。

新しい物語を創造する

不平等との闘いで勝利するためには権力だけではなく、社会規範も変えなければいけない。経済学者のサキコ・フクダ・パーは次のように述べた。「不平等に対する社会の向き合い方は政策転換において非常に重要な要素となります。もし不平等それ自体が問題として認識されないのであれば、そして平等が世の中で広く社会的価値のあるものとして捉えられないのであれば、是正に向けた人々の衝動や支援も生まれないでしょう」。だからこそ、不平等と闘うために私たちがするべき三つ目のことは、新しい物語を創造することなのだ。物語は「なぜ」に答えてくれる。そして、ニーチェが述べたように、納得できる「なぜ」があれば、人々はいかなる「どのように」にも耐えることができるのである。物語は人びとが世界の変化が起こり得ることを納得しやすくしてくれる。物語は人々にとって未来に向けて何が可能なのか、そしてその道筋についての考え方を広げてくれる。

このような物語は政策立案書に書かれるようなものではない。知的な議論は物語を作る上で必要なパーツだが、物語はそれだけでは完成しない。マーシャル・ガンツは頭と、ハートと魂に語りかける必要性を説く。日常で使われるフレーズやイメージは知識を集約した活字よりも重要なのである。アメリカ人労働者のための組織を作った偉大なジョー・ヒルはこう述べた。「どんなに良くできていたとしてもパンフレットは一度しか読まれませんが、歌はハートで学ぶもので何度も繰り返されます」。

ザンビアでは、音楽家兼活動家のピラトが自分の曲を使って一部の金持ちによって占有される社会に疑問を呈し、より平等な社会に向けたビジョンを打ち出している。彼の言葉を使えば、「私たちの国は私たちの家を大きくしたものと考えることができます。私たちの家では皆の意見に耳が傾けられ、皆が守られ、そして配慮を受けます。私たちはこの家を共有し、その責任を共有しているのです」。

†抑圧された者たちは歌を書き、最終的には音楽が勝つのだ

私は二〇一九年一月にメキシコのグアダラハラの「平等を取り戻すフェスティバル」に参加した。そこでは、政策提言のリーフレットはなく、リーダーによる長いスピーチもなかった。その代わりに、私たちはアステカ族の文化の誇りや、金持ちと貧乏人の格差を縮めることをテーマにしたラップで喝采し、女性の権利についての歌も一緒に歌い、子供たちが「不平等のピニャータ」を叩き割るのを鑑賞した。社会運動はメキシコ労働法改正案を通すことに成功し、国内労働者は社会保障制度を利用できるようになり、有給の権利も獲得できた。実は、この成功は人気映画『ROMA／ローマ』の影響が大きく、同映画には明確な政治的メッセージがある訳ではないのに国内労働者が直面する苦難に対する理解と大きな同情を引き起こし、何百万人ものメキシコ人を感動の渦に巻き込んだ（この出来事はアメリカにおいて国内労働者がより手厚い保護を求める動きを活発化させた）。私はアイルランドでこんな素晴らしい諺を学んだ。「歴史は支配者によって書かれるが、抑圧された者たちは歌を書き、最終的には音楽が勝つのだ！」。

ピティカ・ヌゥトリ教授はアフリカ文化に見られる円になって集まる習慣の意味を次のように説明してくれた。

ある地域では人々が飲みに出かけると、円を作って座りひょうたんを中心に置き、皆がそのひょうたんから等距離の位置を取ります。これは物質的、精神的両面において国の資源に対する比喩となっていて、つまり誰もが平等にアクセスできなければいけないことを意味しているのです。教会であれば、牧師や祈りを捧げる対象となる誰もが地球の自転のように回転し、人々はその周りを踊りながら周回するのです。もし若者でディスコにいるとすれば、輪になって踊るでしょう。もし誰かが同じダンスをし続けていれば、誰かが入ってきてその人より良いダンスをし、変化を加えるのです。これもまた権力の比喩で、誰であれその中心に居座り続けるべきではなく、権力は代替可能でそれが自然の現象なのです。

†それぞれにとっての物語

良い社会は私たちが暮らしの中で大切にしたいと考える価値であり、私たちが欲しいと願う関係性だ。不平等との闘いは究極的には平等の希少さ、偉大さを確認するための闘いと言える。根源では倫理的な問いなのだが、尊厳のための闘い、社会経済的排除のプロセスが困窮者の生活を踏みにじり富裕者を化け物にしてしまう。より平等な世界に向けての闘いでは、私たちは社会を回復させるために働いているのである。ＩＴＵＣ（国際労働組合総連合）書記長のシャラン・バロウは私に言葉や仕事、コミュニティや尊厳、民主主義の価値について再び主張する重要性を力説した。

物語はどこでも同じということはない。なぜなら、それぞれの物語はある特定の社会や文化の文脈の中で意味を持つものだからである。例えば、ザンビアの若き活動家エンジャブワ・シムココはあることを教えてくれた。不平等との闘いで宗教の解釈の問題に対処する必要性について議論していた時だ。「私たちはキリスト教の国の人間である、という語り口は、神の御心として物事を受け入れるべきであるという考えに基づき、不平等を維持するために使われてきました。しかし、私たちはこの解釈に真っ向から挑戦します。道端に誰かを置き去りにし、権力者が崇められることが神の御心だと言えるのでしょうか。聖書にそんなことは書かれていません。また同様に、人々はただ前に進み希望を抱き、祈れば良いとされてきました。そうではなく、私たちは望んだり祈ることに対して、行動しなければいけないということを強く訴えたいのです。信仰には行動が必要なのです。

アメリカの素晴らしい「愛国者の億万長者」(ある超富裕層のグループは富の真実について語り、平等な社会に向けた取り組みを支援している)は、自分たちの富が個人の努力の賜物ではなく、自分たちに有利に働くよう構成された不平等な規制によって実現するもので、富が永続的に増幅する仕組みになっていると打ち明けた。彼らはより平等な社会がどう魅力的なのかを語った。

> (このように考えるのは)私たちの人が良いからだとか、私たちが善人であるからとか、利他的であるからではないのです。私たちが住みたいと思い描く国を造るための唯一の方法なのです。私たちは努力した者が報われる社会に住みたい。良いビジネスが盛んになるような、あるいは安心して住めるような社会です。親が子供たちに将来を心配しなくても大丈夫と言えて、本当にそう信じることができる社会です。私たちは基本的な平

等の意識が行き渡っていて、億万長者が金持ちというだけで特別扱いされない、そんな国に住みたいのです。

現場からの報告　不平等是正に向けた勇気を促す、ローマ教皇の話

「これから先進諸国で最も急進的な国、〝バチカン〟に向かうよ」。私は同僚に伝えた。バチカンで催された会議で奇妙なことが起こった。NGO急進主義の集団集会が保守主義的に見える瞬間があったのだ。今となっては、それはNGOが行える最も急進的なことの一つであったように思える。教会を批判してきた誇らしい経歴（これはまさにその通りと言える）を持つ多くの世俗的NGOの間で、法王に対する称賛の高まりが見られるのだ。私たちはバチカンが経済の不平等や気候変動危機に関して理解の遅れを取り戻したことを褒めて頭を撫でてあげるような立場ではなくなった。むしろ彼らは私たちの先を行くようになり、今や私たちが彼らに追い付かなければならない状況となった。過去数十年の間、バチカンは進化を遂げ、私たちは衰退していった。

「金融、特別な利害関係、経済的利権は共有の資産を取り崩し、こうして富裕層の描く

構想は影響を受けないで済むのです」。この言葉で気が付く人もいるかもしれないが、ナオミ・クラインがバチカンに来て私たちと時間を共にした。しかし、これはナオミ・クラインの言葉ではなく、法王の新しい回勅、「ラウダート・シ」からの引用なのだ。法王は世界で最も危険な本を書いた。その本にはほとんどのNGO政策担当者が承認しなかった内容が含まれる。

企業の力が責任を問われないほど肥大化した世界において、市民社会運動は富裕層に対抗する勇気を持つことができるだろうか。私たちは真実を権力者に対して語り、権力に関する真実を伝えることができるだろうか。たとえ私たちが政府や企業から圧力を受け、現実的になれと言われた際にも、たとえ私たちが良い子にしていれば権力者から特権的な配慮を受けられたり、基金を得られるとしても?

バチカンで私たちはツバルの首相に会った。彼は気候変動が自国にもたらしている影響について熱く語った。「全ての島が沈んでいっています。私たちには損失と損傷を把握するための法的なメカニズムが必要です。このような考えは非現実的だと人々は言うでしょう。しかし、もしも私が話したことがあなたの国で起こっていたら、あなたはそうしようと考えませんか?」。彼はツバルの離島に訪れた時に、ある女子生徒から尋ねられた質問を私たちに教えてくれた。「首相、私に未来はありますか?」。それから彼は私たちにその質問を投げかけた。気候変動に対して本腰を入れて取り組むのであれば、その答えは「はい」となるが、対応方法が現状のまま変わらないのであれば、弱い立場にいる人々が溺れ死ぬことになる。私は社会が彼の話を、一九三六年の国連におけるハイレ・セラシエ一世〔エチオピア皇帝〕の答弁を思い出すように振り返り、記憶する事態を恐れている。

世界のリーダーが集う気候変動の会議に至るまでに、市民社会組織が内輪で揉めて膠着状態となり、単一の対策を(どのような対策であれ)成果の証として公表することに固執してしまう可能性がある。このような話し合いに精通するある関係者が、興奮しながら「対策は完成まで仕上げることができる、実際にそれは実現できるだろう」と話してくれた。私は彼にこう尋ねた。「その対策はバングラデシュのような国で大勢の人々が苦しむ状況を止めることができるものなのかな?」と。彼は「それは……」と言ったのち、「それについては、確証は持てない」と続けた。気候や不平等に対抗するために必要な変革、この規模の変化は廊下で優しく呟かれた言葉から実現するのではなく、人々の力を結集して権力者と対峙することで実現するのである。

「ラウダート・シ」の中で、教皇は競争よりもコミュニティを、物質主義よりも尊厳が重要であると述べている。このような勇敢なメッセージは伝播していく。主流の市民社会や教会団体に所属する友人は、不公平な社会や破壊された気候の是正をどう行うのか、大々的に公表する準備がようやく整ったと話してくれる。これは、富裕層の権力に立ち向かい、彼らが私たちにかける圧力に耐えるということである。「私たちは皆、このような行動を常に考えてはいました」とある年配のNGOのリーダーが話してくれた。「私たちは皆こうしたかったし、主張したかったのです。私たちはただそれを最初に主張する誰かが必要でした。しかし、ついにその人物が現れたのです。まさかそれが教皇とは思いもしませんでしたが」。

どんな専門的な議論や分析、討論にもできない、私たちの心にもっと深く響く呼びかけがある。それは「恐れるな」という言葉である。

†全員が貴重な一部分となる

不平等との闘いに際して、良い社会像をどう描くことができるだろうか。誰もが特別な存在であり、皆がコミュニティの構成員であり、その中で責任を分かち、全ての声が重要視され、全員が貴重な一部分となるということ。これらを改めて主張することができるだろう。私たちは社会や経済を共に作るものと表現できる。「私」は私たちを通して存在し、「私たち」はより広い意味合いを持つものと認識する必要がある。例えば、これは「個人の自由」についての解釈を見直し、私たちが共に行う活動はそのプロセスにおいても結果においても良い社会に向けて行われるものなのだということを忘れないようにする。また、私たち全員をつなげる共有の組織を作り（学校、交通機関、病院など）、「民間サービスを受ける金銭的余裕がない」人たちだけでなく、私たち全員が共に使用し管理できる形にする。こういったことが重要になってくる。

私たちは最高限度と同様に最低限度についても必要性を指摘できる。富や権力の極端な集中をばらけさせなければならない。そして、富裕層の存在は自然のことで彼らはそれにふさわしくそれに歯向かうことは困難であるという考えや、富がトップに集中することで底辺の人びとに仕事や機会がこぼれ落ちてくるという考えに異を唱える必要がある。私たちは新自由主義の核を打破する必要があり、私たちが諸問題について話す際に極端に個人主義化した考えに傾いてしまっているのを正さなければいけない。一般の人びとは支援がなく自助の状態にある時、守られた状態にある時よりも、最も生産性が高くなるという仮定を打ち砕く必要がある。また、規制が設けられない状態で活動が許されれば富裕層は最も生産的であるという推定を拭い去らなければいけない。これが実現すれば、人びとのふさわしい扱われ方に関する考えが変化する。「商品のパッケージ」を通した関係から「平等な関係」へ、ただ何とか生き残れるという状態から、食べ物と飲み物に困らず、人間らしくそして尊厳を持って豊かに暮らす状態への変化である。文化人類学者のジェイソン・ヒッケルが同様に重要な問題を問いかける。「今日の社会は実現可能な社会とどう比較できるだろうか？」。

†希望のストーリーの重要性

不平等との闘いにおけるどんな成功例においても重要なのは、それが希望のストーリーであることだ。私たちの行動を通して変化をもたらすことができるという希望のストーリーだ。クミ・ナイドゥーは社会への批判的態度をある仲間の活動家グループから叱責された話を教えてくれた。世界が危険な方向に向かっている状態にあると発言した際、ある聴講者は次のようにこたえた。「マーティン・ルーサー・キングは夢を持っていました。クミ、あなたが言っていることを聞いていると、あなたが持っているのは全て悪夢のようです」。私はまさに彼の痛みを感じることができる。

誰もが全てが悪い方に向かっていくなんて聞きたくない。そんなことはくだらないほど気が滅入る。市民社会団体の人間はこの難問に二つある内のどちらかの方法で答える傾向が見られる。一つ目のグループの方法はちょっとした嘘をつくもので、例えば、審議を経て形成された様々な国際的な取り決めが数十億の人々の生活を変えるという答え方だ。「それは正しくない」と二つ目のグループは言うだろう。「正しくないとなぜ言えるのか?」。「あなたたちは人々に希望を与えなければならない」と一つ目のグループは言い返す。「それは違う」と二つ目のグループは言い、「真実が人々を自由にするのだ、たとえそれが最初の段階では腹立たしく受け入れ難いものであったとしても」と続けるのだ。これらはまるでプロザック〔抗うつ剤〕を使うか鬱になるかという選択のようにも見える。

しかし、私たちは人々に真実を語ると同時に希望を与えることもできる。私たちは直面する現実の問題から目を背けるべきではない。企業と富豪による社会の独占はあまりに広がり過ぎているため、可視化することすら難しい。それは目を見開くことでわかるのだ。そして、私たちの皇帝たちは裸だ、彼らをこれ以上皇帝として認めない、私たちは自分たちで物事を正す機会を持っているのだと大声で訴えた時に認識できるのである。しかし、希望の持てる真実も存在する。それは、人々の力は不平等との闘いに勝利することができるという事実から成る希望と表現できる。不平等の何が間違っているのかを説明するだけでなく、過去の教訓や未来に向けたビジョン、現在運動を展開する人々の話などを織り交ぜた対話を共有する必要がある。しかしながら、不平等との闘いで最も障害となるのが、不公平、不平等を打ち破ることはできない、「そういうものなのだ」という一般に普及した考え方である。だからこそ、より平等な社会を改めて想像できるように手助けすること、どのように平等な社会を実現できるのかを理解できるように支援することが極めて重要なのである。

✝人々を動かすもの

進歩主義者には自分たちを感情よりも理性を、神話よりも数字と事実を重んじる人間と捉える傾向のある者が存在する。これは理解できるのだが、運動を成功させるための姿勢とは言えないし、社会変革を促進する方法としても間違っている。テクノクラシーは私たちの救いとはならない。もしも私たちの陣営があらゆる数値や事実、あらゆる科学や理由を味方に付け、対峙する陣営に偉大なストーリー、全ての情熱や倫理的な対話を譲ってしまったらどうなるだろう。その場合、自身を賢く感じることはできるかもしれないが、不平等是正の闘いには負けてしまう。私たちは人々を考えさせるだけでなく、泣かせ、笑わせ、怒らせ、希望を持たせ、高揚させ、決意をさせるような会話にもっと寛容になり、それを可能にする必要がある。私たちはより賢い世界を目指す先生という役割を担うだけでなく、より良い、優しい、幸せな世界を目指す指導者でなければいけない。不平等に対する闘いは理性的であるだけでなく、美しいものである。

「不平等に対してすべきことの中心にあるものとは……」とリズ・テオハリスは私に語ってくれた。

それは、対話のあり方を変え、異なるストーリーを話し、人々が全く異なる背景からやってきて共に運動を作り上げていることを示すことです。私は壮絶な不平等に苦しむコミュニティを訪ねて回りましたが、その中で希望を感じたことがあります。不平等の影響を受け、生活が危険に晒されている人々が地域や人種、ジェンダーを超えて集結し、一つの運動を呼びかけ、形成する様子です。暗闇でただ泣き寝入りするのではなく人々を光の下に導き、力に満ち溢れた、暴力に頼らない直接行動が拡大していることを示す、この瞬間にこそ道徳的価値観と一体となった運動の融合が生まれ、変化がもたらされるのです。私には変化が生まれ始めているのがわかります。

終章

最後のクイズの時間だ。過去に誰が不平等を是正する闘いに勝ち、誰が再びそれを再現できるだろうか?

さて、あなたは誰と答えただろう? そしてあなたは何をするだろう?

不平等の増加は私たち皆を傷つける。改善されてきた貧困の流れを押し戻し、成長を阻害し、社会をより不健康にそして住みづらくし、不信感と不安定を助長し暴力的な衝突を加速させ、外国人排斥過激派を増幅させ、気候変動に関する重要な行動を阻止してしまう。政治を腐らせ一般の人々の声を弱くし、より少人数の手のひらにかつてないほどの力を集中させてしまう。

エリートは不平等によって時間をかけて形成されてきた致命的な損傷を認識するのを拒んできたが、ようやくそれを認めるようになっている。各国政府は不平等の是正を公言している。これらは前進と言えるが、彼ら自身は変化をもたらす源とは言えない。

不平等に関する討論に勝利するだけではその解決には不十分であるため、不平等は悪化し続ける。だから私たちは闘いに勝たなければいけないのだ。

†私たちも不平等を無くすことができる

富や権力を少数の手から大勢に移す挑戦と言うとあまりに大胆な響きに聞こえるため、私たちは不平等是正の闘いに果たして勝利を収めることができるのかと時に不安に思うかもしれない。しかし、歴史はそれが可能なことを証明しており、私たちが再び勝利するのを導いてくれる。二〇世紀中盤の時代には世界の様々な地域で草の根的に始まった活動が勝利し、二一世紀初めの一〇年かそれくらいの頃にラテンアメリカは不平等との闘いで勝利を収めた。これらの経験から学び、今日生まれてきた運動を成長させていけば、私たちもまた不平等を無くすことができる。道徳世界の軌道は正義の方向へとそれ自体が向いているわけではなく、私たちがそれを共に曲げなければいけないのだ。

現場からの報告　三種類の運動

世の中には三種類の運動がある。理想を手放すタイプ、ほんの少しだけ頑張るタイプ、そして革新的なタイプである。

理想を手放すタイプは手始めにはとても良い。これは敗北の高潔さを抱き、物事の悪化が証明されるという立場を取ることを誇りに思うタイプで、『明日に向かって撃て』

のラストシーンさながらである。しかし、これでは実を結ばない。ここで、二番目の運動が登場する。

ほんの少しだけ頑張るタイプは、権力者たちに本当の意味で挑戦するような変化ではなく、最貧困層の困窮の解決をある程度求める。この運動は「手軽な勝利感」をもたらし（敗北感を気持ち的に整理できない人々にとっては良いと言える）、既得権益層から称賛を得ることができる（肯定感が必要な人々にとっては良いと言える）。このような人たちは生活を向上させてくれるのは確かだが、貧困や苦難の原因とは闘わない。

革新的なタイプの運動は権力関係を変化させる根本的な転換をもたらす。例えば奴隷制度の廃止、民主主義制度の創設、女性の権利を求める運動や、反植民地主義、反アパルトヘイト、負債の帳消しを掲げた運動などである。理想を手放すタイプと違い、勝利をもたらす。すぐにではなく、また簡単でもないのだが、勝利をもたらす。少しだけ頑張るタイプとも異なり、このタイプが勝利した時は本当に世界が変わる。

不平等との闘いとは、私たちが勝利を収められる革新的なタイプの運動なのである。これが一般市民にとってあまりに行き過ぎた意見だと心配した者は、ピュー・リサーチセンターやその他の世論調査を見ると良いだろう。圧倒的多数の人々が富裕層とその他の人々との格差があまりに拡大し過ぎていると認識していることがわかる。運動が超富裕層を怒らせてしまうと心配する者は……それはそれで正しい考えだろう。ある者は受け入れることができないだろうし、それを断固拒絶する人間もいる。これは金満病と呼ばれる症状だ。もしも教皇が教会の人間と共に行う社会正義の訴えをやめないのであれば、金持ちは教会への寄付を止めると脅す。金満病はこのような状況を生み出す。しかし、希望となるのは、富裕層の中にはこのような運動を理解する者も存在するということだ。著名なヘッジ・ファンダー、ビル・グロス（約二二億ドルの資産を保有）は彼の同僚に宛てた手紙にこう記した。

あなたや私、その他の強大な「一％」は貨幣の金メッキ時代に急成長しました。もちろん、あなたたちお金持ちが私もそうであったように懸命に働いた結果であるということはわかっています。平等な経済システムはいつだって成功の機会を提供するべきでしょう。おめでとうございます。その葉巻を吸い、一九八九年もののシャトー・ラフィットのワインを楽しんでください。でも、（あなたたちの多くに）自分たちの巨万の富について認識して欲しいことがあります。あなたはその波を創ったわけではなく、その波に乗ったのだということです。だから、今こそあなたの巨万の富の一部をより高い税金を支払うことで、あるいは経済成長や労働に還元される形で分配することで、企業利益や個人の何億兆としてではなく、九九％の人たちと共有する時ではないでしょうか。

他方で私たちの敵である不平等の守護者たちは世界中におり、このような発言に反応を示す。ある者は不平等が拡大していることを否定する。ある者は拡大していることを認めるが、それを問題と捉えることを否定する。またある者は拡大していることも問題であることも認めるが、その是正は事態を悪化させてきた諸政策を延長させるだけだと主張する。そして、何も言うことが無くなった場合、彼らは私たちを共産主義者と呼ぶのだ。

不平等との闘争とは全ての人が特別で、私たちはお互いを必要としており、まともな社会ならば富裕層とそれ以外の人々の間の格差に大きな開きがないという世界の実現を主張することだ。第二次世界大戦後の三〇年間、このような考え方は世界的に、そして党派を超えて共通認識として存在した。現代において再びこの共通認識を得ることは可能なはずだ。

私たちには不平等が手に負えなくなっているという強く明確なメッセージを打ち出すための、国際的に強力な擁護者が存在し、また一般市民の支えがある。もちろん、確固として不平等をさらに拡大させようとする強大で資金も潤沢な勢力も存在する。しかし、それは平静に受け止めるべきことではなく、勇気を持って変化させるべきことなのである。

私たちは服従状態にあり、権力者が自分たちの力を分け与えてくれるのを待ったり、もしくは想い描くような新しいリーダーの登場を待ち望む。私たちは服従するのをやめなければいけない。変化を生み出すために私たちは権威や分裂をもたらす静けさに抗い、厄介者として扱われる時期を過ごすことになる。抵抗はいつも上手くいくわけではないが、許容することがいつも上手くいくわけでもない。

私たちは共に力を築く必要がある。私たちは、もし労働組合に加入していれば、個々人が職場で不平等の問題をより解決しやすくなることを知っている。そして、私たちは、もし共に運動に参加し、お互いの運動の連携を取れば、全ての人々が自分たちの国や世界の不平等に対処しやすくなるとわかっている。不平等に打ち勝つというのは、一人の素晴らしいリーダーや、一つの組織、もしくは一つのセクターで達成できるものではない。私たちが作る未来は自発的・主導的で、協同性に溢れている必要がある。

†物語は平等な未来を描くことを可能にする

私たちは新しい物語を作る必要もある。物語は、私たちの世代に見られる不平等として、どのような問題があったのかを証明する目的のためだけに作られるものではない。物語は、人々により平等な未来を描くことを可能にし、そのような未来は求めることができ、実現可能性があることを示すために作ることも必要だ。世界中で人々が共に立ち上がることで平等な未来を追求することができる、と示すことを目的とした物語を作れるのだ。

過去に不平等との闘いに勝利した人々の教えがあり、それらを今日闘う人々は改めて学び直している。

残酷で痛ましい新型コロナウイルスの感染拡大は、より平等な社会の実現が緊急を要することなのだと改めて示した。新型コロナウイルスによる損害は私たちが直面する問題をさらに深刻化させるだけで、自動的に経済や社会に必要とされる確かな変化を生み出すことはない。しかし、私たちはできる。

†もう一つの世界は向こうから近づいてきている

不平等と闘うための運動は次第に強靭になっている。国連の会議で、参加者が「証拠に基づいた興奮」の必要性を説いた時、私は心の中で湧き上がる皮肉な笑いを押しとどめなければいけなかった。しかし、振り返ってみると彼らの言うこともあながち間違いではない。この規模での変化は難しく、何年も費やす必要があり、そして権力者たちからの反抗にあうことは明白だ。しかし、悪化する不平等を逆転させる闘争は、勝利に向けた出発点となる。もちろん、成功を保証するものは何もないが、成功に導くために必要なことを実行することはできる。アルンダティ・ロイが述べたように、「もう一つの世界を作るのは可能であるばかりか、向こうから近づいてきている。ある静けさが広がる日に、私にはその呼吸が聞こえる」。

イギリスの偉大な詩人、シェリーは人々が共に立ち上がり、変えなければいけない権力と対峙する様子を、次のような言葉で表現している。

眠りから覚めたライオンのように立ち上がれ
抑えようがない人数で
(寝ている間にお前に縛り付けられた鎖を、露を地面に振り払うように落とせ)
お前たちが大勢で
向こうが少数なのだ

†未来のあなたへ

もしあなたが既に不平等を是正する闘いに参加しているとしたら、この本が、どのようにしたらより効果的に、そしてより多くの人々を巻き込むことができるか、その再確認になったことを望む。もしあなたがまだ参加していないとしたら、この本を通してあなたがどのようにそれが可能か理解に役立ったことを望む。この本の終わりにさしかかり、今から一世代後に書かれるかもしれない、一冊の本について想像してみたい。それは、いかに不平等を是正するかについての本だ。その本を準備するにあたり、著者はあなたに連絡を取り、あなたがどのようにそれを実現したかを尋ねる。あなたは著者が連絡をとるきっかけとなった自分のあらゆる実績を誇らしく思う一方で、その著者にそれらがあなた一人の功績ではないということを伝える。なぜならそれは、不平等是正のために共に闘った全ての挑戦者たちのものだから。

低姿勢で従順であることを拒む勇気を持つべきだ。集団の力を形成するために新しい友人を作るのだ。自分や仲間を創造性に富んだ活力で突き動かし、誰もが重要視されるコミュニティを想像させる新しい物語を作るのだ。私たちこそが待ち望まれていた人々なのだ。

あとがき――不平等と闘うために誰とつながることができるのか?

不平等との闘いは下から積み上げていく闘争であるから、つながるべき理想の相手はあなたの身近にいる人々だ。私たちそれぞれが始める場所は私たちが今いる場所で、私たちが住んでいる場所や働く場所なのだ。

時々、イギリスやアメリカの人々にどうしたらより平等な世界を作る活動に参加できるか尋ねられることがある。私がそれぞれの地元で活動することを勧めると、彼らは驚くのである(そして少しがっかりしていた)。彼らは「本当の不平等」がある場所に行きたいのだ。つまり、発展途上国に。しかし、それは発展途上国で不平等と闘う人々が求める支援とは違う。不平等に対して集団で挑戦するという点から考えても、また私たちそれぞれが作ることができる違いが最も重要になるという点からしても、どちらにおいても誤った認識と言える。私が見てきた中で最も人間性が損なわれ社会的不平等が生じていると言えるのは、豊かな国なのである。そして、皆がよく知るような二極化する大都市とその他の地域という貧困の構図とは異なる、小さな、見るからに牧歌的な町でそのような不平等の実態が見られるのである。

†闘いの場はあなたの足元にある

地元で活発な人々が、世界中の人々とつながり、お互いに学び、連帯を共有し、支え合うのは素晴らしいと言える。しかし、社会的正義というものを自分の地域ではなくその他の地域のみに当てはめて捉えてしまうと、自分の地域とそれ以外の地域両方の場所における不平等との闘いを妨げてしまうのである。私たちができる最も勇敢な支援の方法とは海を越えることではなく、近隣の人々と友達になることだ。不平等是正への取り組みがあらゆる場所に影響を与え、人々が最大の変化をもたらすことができるのは自分たちのコミュニティ内なのである。

あなたが自身の職場で労働組合を作る、もしくは強くしていくことはできないだろうか？　それにより、あなたとあなたの同僚はより良い雇用保障、雇用環境、そしてより強力に声を上げる体制を勝ち取ることができないだろうか？　あなたは自分自身の地域で住人のための組織を作ることを手助けできないだろうか？　もしあなたが大学の学生、学校の生徒であれば、仲間と組織を作ることはできないだろうか？　もしあなたが学校に通う子供の親であれば、周りの親とつながることはできないだろうか？

人々とつながることで、公園などの重要なコミュニティの資産を失うのを防いだり、保健センターのような重要な公共サービスへのアクセスを守ることはできないだろうか？　そしてそれらの活動で成功を収め、自信を付け、グループの組織化を進め、次の課題に取り組んでいけるようにはできないだろうか？

もしあなたに信仰の場があるのであれば、その仲間と社会的正義に取り組むグループを作る手助けはできないだろうか？　身の周りのファスト・フード店の労働者がストライキをしているのであれば、それを支援できないだろうか？　次に地元で行われる、あるいはオンラインで行われる気候変動のための、もしくは女性の権利のためのデモ行進に参加できないだろうか？　近所にあるグループにボランティアとして少しでも参加する時間はないだろうか？　そして、彼らが解決しようと模索している問題の根本に対処できるよう、そのグループを支援することはできないだろうか？　新型コロナウイルスの感染拡大の影響に対処するための相互扶助グループの一つに参加することはできないだろうか？　もしくは、人々をつなげる地元の組織とオンラインでつながり、パンデミックによる最も厳しい局面で人々がより良いサービスへのアクセスや支援を得られるようにできないだろうか？

†他者とつながる

あなたが最初にどこに参加するのかということはほとんど重要ではないのだ。他者とつながり不平等問題の一角に取り組む集団の力を形成し、それを、異なるがしかし同様に闘っている他のグループと結び付けることが重要なのだ。

効果的な組織化はコミュニティと一心同体になっている。人々は運動とつながり、その運動はグループの中心に据えられる。明確な不公正との闘いで具体的に何を得るのか確認作業を行い、そこから何か大きな目標を達成できるようにより大きく作り上げていくのだ。私がエルサルバドルで出会ったある運動のリーダーはこう言った。「コミュニティを作るんだ、新しいリーダーではなく。違いに囚われず、勝てるように強く団結するんだ」。

あなたは全く新しい何かを始めなければいけないわけではない。実際、大抵の場合はそうでない方が良い。誰かが既に開始した組織化のプロセスに参加した方が、より便利で与えられる影響も大きいと言える。草の根活動のレベルで、多くの心躍る、成長を見せる活発な社会運動が存在する。

†国際的な組織に興味のある人へ

国際的に活動する「不平等是正との闘いの連合」や、世界中で三〇〇以上ある内の数組織とつながりたければ、ファイト・インイクオリティ・アライアンス（fightinequality.org）を検索してもらいたい。女性のマーチと繋がりたければ、ウィメンズ・マーチ・グローバル（womensmarchglobal.org）を調べてみてほしい。労働組合に関してもっと学びたければ、ituc-csi.org が良いだろう。

イギリスでは、シチズンＵＫ（citizensuk.org）とイクオリティ・トラスト（equalitytrust.org.uk）の両方とも活動家にとってとても優れたネットワークであり、あなたを地域支部につなげてくれる。

アメリカであれば、プア・ピープルズ・キャンペーン（poorpeoplescampaign.org）やファイト・フォー・15（fightfor15.org——一五ドルの最低賃金とより良い労働環境を求めることを目的とした組織）があなたの住む地域の人々とつながる上でとても役に立つ。オンライン窓口 inequality.org を見ればいかに多岐にわたるグループが不平等是正の闘いに挑んでいるのかがわかり、同サイトでは週ごとの素晴らしい更新も行っている。

もしかしたら、スキルや自信、ネットワークを得るために組織化の研修への参加が役立つのではないかと思う人もいるだろう。上記したものも含め、数多くの組織が関わりたいという人々に研修の機会を提供している。ビューティフル・ライジング（beautifultrouble.org/beautifulrising）やキャンペーン・ブートキャンプ（campaignbootcamp.org）など献身的で優れた研修組織も存在し、オンラインでも素晴らしい学習の機会を提供している。

私が経験した中で最も感銘を受けた組織化の研修は、アメリカのアトランタにおけるノン・バイオレンス・365の研修だ。同組織はコレッタ・スコット・キングによって設立されたものだが、マーティン・ルーサー・キングの活動を支えた方法論や倫理基準について活動家が習得する機会を提供する。現在は勇ましい娘、バーニス・キングによって引き継がれている。神聖な地に集まりバーニスと共に、あらゆる世代から成る活動家の仲間から学び、こうしてキング家の価値観とアプローチの実践が継続していく。この経験はあまりに感動的であった。

活動家の研修コースは時折費用がかかるのだが、研修費を払う余裕がない人々は多くの場合配慮が得られる可能性があるため、躊躇することなく尋ねてみてもらいたい。

†気負わなくていい

いつどんな時も献身的に活動しなければ、関わってはいけないなどと思わないでほしい。不平等との闘いはプロの仕事ではないし、エリートの活動でもなく、またカルト集団が行うことでもない。不平等に対する行動を起こしたい人の中には、人生のある時点で生涯をかけて取り組もうと気持ちの準備ができる人もいるかもしれない。しかし、多くの人は、同じように熱心な思いを抱き、変化を生みだすことに貢献したいという強い意志を持つけれど、その他にも果たさなければいけない責任を持っている。このように、多岐に及ぶ、多忙で複雑な生活の一部として参加したいと考えている人々も多くいる。変化というのは、専従の、周りとの関係性も希薄な少数派の専門家からではなく、何気ない日常を送るごく一般的な人々がつながり、織り成される真の大規模な運動によってもたらされる。これこそが誇るべきものであって、不平等是正の闘いを勝利に導く強さなのである。これこそあなたが見たいと思う変化というものの全容なのだ。

もし不平等是正の闘いの中でたくさん失敗することを心配したり、懐疑的になったり、疑問に思うことがよくあったり、もっと上手くやれる誰か他の人間がいるはずだと思うのであれば、あなたはまさに闘いにふさわしい人間だと言える。毎日が素晴らしいと感じるものではないが、それは私たちの前に既に闘いで勝利を収めた人々にとってもそうだったはずだ。

周りの人とあなたが何をしようとしているのか、共有してみよう。あなたの踏み出す一歩が、他の人々が行動に出ようとする刺激となり、続いて彼らがあなたに刺激を与えるようになる。あなたの物語を @benphilips76 にツイートしてみよう。

人々の力は、力の中にある人々よりも強いのだ。

訳者あとがき

本書は二〇二〇年にイギリスのPolity Pressから出版された、*How to Fight Inequality (and Why That Fight Needs You)* の全訳である。著者のベン・フィリップスは、草の根活動から社会運動に携わり、世界的なNGOや研究機関で活躍している。国際経済・社会の専門知識を絶えず更新しながら分析を行い、執筆活動する姿は「研究者」そのものだ。しかし、彼は自身をアカデミアの人間とは考えないだろう。フィリップスにとって最も重要なのは、「社会正義運動」の現場で人々と共に闘うことだからだ。本書に込められた思いは、明確である。社会正義運動の現場は、私たちの日々の暮らしの中に存在し、変化を生み出そうとする私たちの行動は、周りや世界とつながることでより強力になる。そして地域レベルの小さな変革に止まらず、自分たちの手で世界レベルの大きな変化をも実現できる。だからこそ本書は、闘いの現場の躍動感と実践に向けた知識のみならず、「変化は起こすことができるんだ！」という前向きな気持ちに溢れているのだ。

本書においてフィリップスは、ただ単に活動の事例を羅列しているのではない。これまで各地で行われた下からの運動とそれらに参加した人々の生き様を描き、声を届けることで史的観点からの「つながり」を生み出している。つまり、現在の世界における横のつながりだけではなく、時間軸を超えた人々のつながりを生み出しているのだ。そして、その主体が大きく広がることを望んでいるのである。まさに私もあなたも、平凡だとされる人々が手を取り合うことで、変化を生み出す主体になり得るのだ。年齢も性別も関係ない。学生でも社会人でも、正規・非正規も関係はない。専従の活動家でなくとも、世の中を変えることができる。変化をもたらすことは容易ではないが、全ての人に可能性がある。フィリップスは私たちの勇気に期待し、行動を待っているのだ。

フィリップスも活躍した国際ＮＧＯオックスファムは、毎年、不平等・格差について報告書を発表し、世界的な富の偏在の問題を明らかにしている。昨今の世界情勢は「分断」という言葉に象徴されるだろう。持続可能な開発目標（ＳＤＧｓ）の実現が望まれる中、世界には米中貿易戦争やインド太平洋を巡る安全保障、コロナパンデミックにウクライナ戦争、そしてその他多くの「忘れられた」紛争が存在している。日本国内に目を向ければ、経済の低迷、格差、少子高齢化問題など、人々が内向きになる出来事が続いている。これらの問題の捉えられ方についても、多様性を持つ余裕が次第に失われているように思う。けれども本書で示されたように、これまで私たちは「つながり」の中で度重なる危機を乗り越え、多くの問題を解決してきた。現在では英雄と呼ばれる人物も、動き出すためには勇気が必要だったのである。著者が述べるように、私たちは英雄の出現を待ってはいられない。「変わり者」と呼ばれ、「厄介者」とされても良い。平凡な私たち全員が、小さな一歩と小さな変化をもたらし得る主人公なのだ。

第1章と第2章の翻訳を担当した山中は、チュニジアを中心とするマグレブ諸国の政治経済を研究対象とし、序章、第3章、終章を担当した深澤は、バングラデシュを中心とする南アジア地域経済の研究を行ってきた。チュニジアでは、自由と尊厳、そして社会の正義と公正を求めた民衆が当時の独裁政権を打倒した。このチュニジアにおける「革命」は中東・北アフリカ諸国の「アラブの春」の先がけとなった。バングラデシュでは、縫製工場を含む雑居ビル、ラナ・プラザの倒壊事故が一一〇〇名以上の死者を出し、社会正義運動が燃え上がった。それは世界中に広がり、サプライチェーンにおける労働者の権利保護の重要性について国際的議論を引き起こした。訳者は、これまで世界と現地の関係、そして自分との関わりの中でこれらの問題を意識し、行動することを心掛けてきた。本書の翻訳出版を通じて、歴史上の人物だけではなく名もなき英雄たちの姿を伝えることで、少しでも読者の背中を押すことができたならば幸いである。

訳者がこうした問題意識を持って研究を続けてこられたのも、明治大学名誉教授福田邦夫先生のおかげである。この場をかりて心からの御礼を申し上げたい。本年喜寿を迎えられた福田先生からは、ご自身が長年実践されてこられた「つながりを大切にすること」を今も学ばせていただいている。本書をきっかけにその思いを広く紡いでいくことで、先生への恩返しとなれば幸いである。そして最後に、筑摩書房の藤岡泰介さんには、本書の刊行に向けて共に歩み、闘っていただいた。心より感謝申し上げたい。

二〇二二年七月六日

山中達也
深澤光樹

ちくま新書
1675

今《いま》すぐ格差《かくさ》を是正《ぜせい》せよ！

二〇二二年八月一〇日　第一刷発行

著者　ベン・フィリップス
訳者　山中達也（やまなか・たつや）
　　　深澤光樹（ふかさわ・みつき）

発行者　喜入冬子
発行所　株式会社　筑摩書房
東京都台東区蔵前二-五-三　郵便番号一一一-八七五五
電話番号〇三-五六八七-二六〇一（代表）
装幀者　間村俊一
印刷・製本　三松堂印刷　株式会社

Printed in Japan
ISBN978-4-480-07498-0 C0236

ちくま新書

1371
アンダークラス
――新たな下層階級の出現
橋本健二
就業人口の15％が平均年収186万円。この階級の人々はどのように生きているのか？　若年・中年、女性、高齢者とケースにあわせ、その実態を明らかにする。

1489
障害者差別を問いなおす
荒井裕樹
「差別はいけない」。でも、なぜ「いけない」のかを言葉にする時、そこには独特の難しさがある。その理由を探るため差別されてきた人々の声を拾い上げる一冊。

1496
ルポ　技能実習生
澤田晃宏
どのように日本へやってきたか。なぜ失踪者が出るのか。働く彼らの夢や目標と帰国後の生活とは。国際的な人材獲得合戦を取材して、見えてきた労働市場の真実。

1042
若者を見殺しにする日本経済
原田泰
社会保障ばかり充実させ、若者を犠牲にしている日本経済に未来はない。若年層が積極的に活動し、失敗しても取り返せる活力ある社会につくり直すための経済改革論。

1504
アフリカ経済の真実
――資源開発と紛争の論理
吉田敦
豊富な資源があっても、大規模開発があっても、人々は貧しいまま。それはなぜなのか？　日本では知られていないアフリカ諸国の現状を解説し、背景を分析する。

1524
スーパーリッチ
――世界を支配する新勢力
太田康夫
上位1％のビリオネアが富の50％を支配し、コロナ禍でさらに格差が広がっている。知られざる富裕層の素顔と動向を明らかにし、行き過ぎた格差社会の行方を占う。

1538
貿易の世界史
――大航海時代から「一帯一路」まで
福田邦夫
国であれ企業であれ、貿易の主導権を握ったものが世界を動かしてきた。貿易の始まった大航海時代までさかのぼり、グローバル経済における覇権争いの歴史を描く。